Rowohlt Verlag GmbH, Kirchenallee 19, 20099 Hamburg

Kontaktadresse nach EU-Produktsicherheitsverordnung:
produktsicherheit@rowohlt.de

Über den Autor

Rolf Hochhuth, geboren am 1. April 1931 in Eschwege, war Verlagslektor, als er 1959 während eines Rom-Aufenthalts sein erstes Drama «Der Stellvertreter» (rororo Nr. 997) konzipierte, das bisher in 28 Ländern aufgeführt wurde.

Rolf
Hochhuth

Ärztinnen
5 Akte

Rowohlt Taschenbuch Verlag

Dem Nationaltheater Mannheim herzlichen Dank, das anläßlich seines zweihundertjährigen Bestehens am 7. Oktober 1979 den Auftrag zu diesem Drama erteilt und die Arbeit des Autors vorfinanziert hat.

Für Dana und Nenad

5. Auflage März 2021

Veröffentlicht im Rowohlt Taschenbuch Verlag,
Reinbek bei Hamburg, März 1986

«Ärztinnen» wurde am 9. November 1980 im Nationaltheater Mannheim uraufgeführt.

Umschlaggestaltung any.way, Hamburg
Umschlagfoto Elisabeth Hausmann: Hilde Krahl und Gertraud Jesserer in der Inszenierung des Akademietheaters Wien.
Foto auf der Umschlag-Rückseite von Jutta Ungelenk-Stamp
Druck und Bindung BoD - Books on Demand GmbH,
Norderstedt, Germany
ISBN 978 3 499 15703 5

«Die Wissenschaft aber ist kein Schauspiel» – ob sie nicht doch eines ist?

Vergleicht man die Reden, die der Psychiater Ernst Kretschmer und der Psychiater Karl Jaspers 1945 zur Wiedereröffnung der medizinischen Fakultäten zweier Universitäten hielten, die bei Kriegsende geschlossen worden waren, der eine in Marburg, der andere in Heidelberg, und aus Kretschmers Ansprache stammt diese Behauptung – so ist der Beleg schon da, daß durchaus Wissenschaft ein Schauspiel ist. Nicht obwohl, sondern weil Kretschmers Schauspiel «natürlich» hochnasig mit Verachtung sagt: «Wer das Laute liebt und Gunst und Glanz des Tages, dessen Name verrauscht auch mit dem kurzen Tag. Die Wissenschaft aber ist kein Schauspiel, sondern innerste Zelle des menschlichen Geistes, geballte, lautlose Kraft. Sie verlangt unerbittlich den ganzen Menschen und» ... und nun überhäufen sich pompöse Wortfassaden wie die schon zitierten; sechs Phrasen hintereinander – dreimal «unerbittlich» hintereinander; mit «ruhigem festem Blick» verlangt der hohe Wissenschaftler – denn er spricht natürlich auch von «hoher Wissenschaft» und von «hoher Verpflichtung» – die «Gesinnung ..., auf den Taumel der Katastrophen» hinzusehen, die bekanntlich «mit ruhig festem Schritt», wie es im Horst-Wessel-Lied hieß, herbei-«geführt» worden waren; wortgenau schien Kretschmer sein «geballtes» Pathos zusammengestückt zu haben aus dem Rotwelsch jener Nazis und ihrer Wehrmachtsberichter, die offenbar weniger von den alliierten Soldaten besiegt worden waren als vielmehr von diesem Professor und seiner Fakultät und der Philipps-Universität und darüber hinaus von der ganzen deutschen Medizin; «in harten Kämpfen» und «nach monatelangem Ringen, den Angriff abzuschlagen» dank der «klaren und entschlossenen Haltung, die sämtliche führenden Männer unserer Universität in diesem» (noch einmal) «erbitterten Ringen einnahmen». Und Kretschmer dankt auch «unserer medizinischen Studentenschaft, die mit jugendlicher Begeisterung uns Gefolgschaft leistete. Zwar wissen wir, daß wir auf verlorenem Posten standen ... doch freuen wir uns, daß wir heute ruhig und mit gutem Gewissen hier stehen, wir freuen uns rückblickend vor allem der echten und treuen Kameradschaft ... und wenn einer der Unsrigen bedroht war, so standen alle wie ein Mann auf und haben ihn aus Not und Tod herausgeholt.»

Kein Wort der Erinnerung etwa an vergaste jüdische Kollegen oder an die von Hitler als Zwangsrekrutierte verheizten Millionen Kommilitonen; nicht eine Silbe über die Schande seiner Medizinerzunft: die Menschenversuche der Ärzte in den KZ – im Gegenteil. Ausdrücklich bereits in dieser ersten Rede, die er – dank allein der alliierten Soldaten – in Freiheit halten durfte, schon am 25. September 1945: «Was die Zukunft in diesen schweren Jahren von uns fordern wird, ist nicht ... Wühlen in Schuld und Irrtum ... nicht Schrei nach neuen Schlagworten, sondern – wie es einem großen Kulturvolk geziemt – Würde, Geist und vor allem: Haltung.» Jeder Satz: monumentale Makulatur.

Zwei Jahre zuvor hatte er – was er dann stolz 1963 in seinen Memoiren als Beleg für seinen Widerstand gegen die Nazis abdruckte, absurderweise – zum hundertsten Geburtstag Robert Kochs gesagt: «Das sind die Führer des Geistes, auf deren Spuren Reichtum, Wohlstand und Gesundheit der Völker wachsen, aus deren Hand aber auch allein –» Kretschmer meinte: aus deren Hand allein auch – «die Waffen entstehen, mit denen ein Volk heute seinen Bestand und seine Grenzen zu schützen vermag.»

Ob er 1943 die von Deutschland überfallenen Völker damit meinte? Rückblickend besingt er diesen «Festakt»: «Herbst 1943 ... In den gotischen Festsaal der Universität

Marburg mit den weiten Fensterbogen ziehen die Professoren ein. Die großen historischen Fresken blicken von den Wänden. Die Fakultäten ziehen unter den Klängen eines weihevollen Händelschen Satzes hintereinander auf, in dunklen Talaren, jede mit ihren Farben an den breiten Aufschlägen in Rot, Violett und Blau – jedesmal ein feierliches Bild. Davor sitzen im Hörerraum die Braunhemden – ein scharfer, bewußter Kontrast der Farben – nicht nur der Farben. Die Luft ist, wie immer damals, geladen mit Spannung, mit Mißtrauen und sprungbereiter Aggression. In seiner roten Amtsrobe tritt der Dekan der medizinischen Fakultät an das Rednerpult. Damals war ich Dekan und sprach im genauen Wortlaut das folgende ...»

Daß «die Wissenschaft ... kein Schauspiel» sei: behauptete er schon damals. Nun ja, diese Feier zeigte, daß sie ein Trauerspiel ist. Denn im gleichen Jahr 1943 notierte unter Lebensgefahr ein anderer deutscher Mediziner, Oberstarzt in Hitlers Wehrmacht, Dr. med. Gottfried Benn, «Zum Thema Geschichte»:

«Da sitzen sie in der Festsitzung der Deutschen Akademie, zu der Goebbels geladen hat. Die großen Dirigenten, die ordentlichen Professoren für Philosophie oder Physik, Ehrensenatoren noch aus den alten anständigen Zeiten, Pour le mérite-Träger der Friedensklasse, Reichsgerichtspräsidenten, kaiserliche Exzellenzen, Verleger, ‹erwünschte› Romanschreiber, Goethe-Forscher, Denkmalspfleger, Staatsschauspieler, Generalintendanten, der ehrbare Kaufmann, und alle ausnahmslos lassen das antisemitische Geschwätz des Ministers ruhig über sich ergehen. Sie rücken interessiert hin und her, sie rühren die Arme – erst vor kurzem hat die philosophische Fakultät Thomas Mann aus der Reihe der Ehrendoktoren ausgestoßen, die naturwissenschaftliche einen Rasseforscher, der die idiotischen Teutonismen nicht mitmachte, ins Lager gebracht; jeder der Anwesenden weiß, einer der edelsten Geistlichen, ehemaliger U-Boot-Kommandant mit zwölf Feindfahrten, wird im Lager gefoltert, weil er lehrte, daß Gott größer sei als dieser Hitler; jeder der zuhörenden Wissenschaftler ist darüber orientiert, daß die Portiers und Blockwarte gehört werden, ob ein in ihrem Bezirk wohnender Gelehrter einen Lehrstuhl bekommen darf; sie alle ausnahmslos sehen die Lastwagen, auf die jüdische Kinder, vor aller Augen aus den Häusern geholt, geworfen werden, um für immer zu verschwinden: dieses Ministers Werk –: sie alle rühren die Arme und klatschen diesem Goebbels zu. Da sitzen sie: Die Agnaten der alten Familien, aus denen Novalis, Kleist, Platen, die Droste-Hülshoff kamen, Seite an Seite mit den Abkömmlingen der zahlreichen großen Pfarrergeschlechter, von denen vierhundert Jahre lang zweiundfünfzigmal im Jahr das Gebot der Liebe gepredigt war, Schulter an Schulter mit dem ehrbaren Kaufmann, dessen Gesetz Worthalten und Vertragstreue sein sollte, schlagen mit die Juden tot und bereichern sich an ihren Beständen, überfallen kleine Völker und plündern sie mit der größten Selbstverständlichkeit bis aufs letzte aus – und nun ‹zutiefst› und ‹letzten Endes› und ‹voll und ganz› reinigen sie kulturell mit. Keiner fühlt sich verpflichtet durch irgendeine Tradition, irgendeine Herkunft familiärer oder gedanklicher Natur, irgendeine Ahnenhaltung, ein Ahnenerbe – aber das Ganze nennen sie *Rasse*. Die Deutsche Akademie!» Die Wissenschaft – *kein* Schauspiel?

Und Kretschmers und Benns entrechteter Kollege Jaspers, Psychiater in Heidelberg, seit 1937 von seinem Lehrstuhl verjagt, weil er sich weigerte, sich von seiner jüdischen Frau zu trennen, hatte bereits ein Jahr zuvor damit aufgehört, Tagebuch zu schreiben – es war zu gefährlich. Er hatte das Gift für seine Frau und sich auf dem Nachttisch, daneben, angeklebt mit Leukoplast auf den Marmor, einen Zettel, bestimmt für den Arzt, den ja die Häscher wegen des Totenscheins hinzuziehen würden: «Ich erkläre für uns beide, daß wir einen Rettungsversuch nicht wünschen, vielmehr um

Maßnahmen der Euthanasie bitten, falls der Tod nicht alsbald eingetreten sein sollte.»

Als Jaspers dann wieder sprechen durfte, sagte er bei der Wiedereröffnung der Heidelberger Universität, schon im August 1945, noch einen Monat bevor Kretschmer die Marburger eröffnet hatte: «Der Neubeginn unserer Universität kann jedoch kein einfaches Anknüpfen an den Zustand vor 1933 sein ... Wir selbst sind andere geworden. Es war möglich, in der Würdelosigkeit den Tod zu suchen ... Wir konnten den Tod suchen, als die Verbrechen des Regimes öffentlich in Erscheinung traten: am 30. Juni 1934 oder mit den Plünderungen, Deportationen und Ermordungen unserer jüdischen Freunde und Mitbürger ... Wir sind nicht, als unsere jüdischen Freunde abgeführt wurden, auf die Straße gegangen, haben nicht geschrien, bis man auch uns vernichtete. Wir haben es vorgezogen, am Leben zu bleiben mit dem schwachen, wenn auch richtigen Grund, unser Tod hätte doch nichts helfen können. Daß wir leben ist unsere Schuld ... Unsere in dieser Würdelosigkeit einzig noch bleibende Würde ist die Wahrhaftigkeit, und dann die unendliche geduldige Arbeit.»

Wie Kollegen von ihm über diese Würde der Wahrhaftigkeit dachten, sah Jaspers zwei Jahre später, 1947 – er beobachtete und notierte für sich: «Urteile ... die mir Schrecken einjagten; etwa von einem Senatsmitglied nach Erscheinen des ... Buches von Mitscherlich über das Diktat der Menschenverachtung, in dem dokumentarisch die Vorgänge bei den Experimenten mit Menschen und die Tötung von Menschen konkret und mit Namen der Beteiligten mitgeteilt wurden. Der Senator, ein Mediziner, sagte empört, das hätte Mitscherlich nicht veröffentlichen dürfen, es diskreditiere unseren Stand (dieser Senator war niemals Nazi gewesen).»

Jaspers hatte in seiner Universitäts-Eröffnungsrede 1945 offensichtlich vergebens als schöne Illusion enthüllt, die Medizin sei unabhängig von der Politik oder sei gar unter Hitler unschuldig an ihr vorbeigekommen. Er hatte die niederträchtigen Verbrechen skizziert, zu denen Ärzte – alle freiwillig – sich von den Nazis (sehr viele Ärzte waren stramme Nazis) hatten «ermächtigen» lassen. Und Jaspers hatte gefragt:

«Hat das alles der Nationalsozialismus gebracht? Doch offenbar nur darum, weil diese Möglichkeiten bereit lagen. Es sitzt irgendwo in unserer vorhergehenden Überlieferung, was hier so unheilvoll ausbrach.»

Er spielte dann ohne Namensnennung auf die Broschüre des einst hochgefeierten Freiburger Psychiaters Hoche an, der mit dem Juristen Binding Jahre vor der Nazizeit die Tötung Geisteskranker in einer Broschüre rechtfertigte; als Wirklichkeit geworden war, was Hoche «nur» als Gelehrter ausgedacht hatte, ohne zu ahnen, ohne zu wollen, daß ein Staat sich seiner tastend vorgebrachten Tötungsparolen bediene – da verübte Hoche, 1943, Selbstmord. *Auch* ein Schauspiel, ob nun ein so ahnungsloser Mit-«Denker» des Zeitgeistes wie Kretschmer zugibt oder nicht, daß Wissenschaft ein Schauspiel ist...

Jaspers wußte, wie sehr gerade auch die Medizin jene Fragen bereithält, mit denen das Drama oder wenigstens die Tragödie allein es zu tun hat: die unlösbaren. Er sagte in dieser Eröffnungsrede: «Weiß doch jeder Arzt, wie etwa bei rasenden Schmerzen Karzinom-Kranker zuletzt die Spritzen wohltätig so gesteigert werden, daß der Kranke nicht mehr erwacht und der Übergang zur letalen Spritze fließend ist. Daraus ist eines zu lernen: daß es Fragen gibt, die unlösbar sind ... Solcher Unlösbarkeiten gibt es zahlreiche, zum Beispiel in den Fragen nach der freien Willensbestimmung, der Unfallgesetzgebung, ja, in den Fragen der alltäglichen Durchschnittstherapie. In den Unlösbarkeiten aber kann man klarsein ... wo die zwei Pfeiler, auf denen die Medizin ruht, verläßlich sind: die Wahrhaftigkeit und die Ehrfurcht vor dem Menschsein ... Wären jene beiden Pfeiler fest gewesen, so hätte der Einbruch des Nationalsozialismus in die Medizin nicht stattfinden können.»

Wie weit dieser Einbruch heute, vierzig Jahre später, möglich sein kann – denn der Nationalsozialismus ist zwar als Staatsform ausgetilgt, nicht aber sein «Geist», der fortlebt in vielen Provinzen von Wissenschaft, Wirtschaft und Justiz: das ist die Frage dieses Schauspiels, das zwar nicht Wissenschaft ist, jedoch belegt, daß – umgekehrt – Wissenschaft ein Schauspiel ist.

Personen

Ärztinnen
  Kowalenko
  Michelsberg
  Planner
Ärzte
  Michelsberg
  Johanson
  Haase
  Riemenschild
  Zillner
Schüler
  Michelsberg
Fabrikant
  Böblinger
Staatsanwalt
  Bitterim
Sezierer
  Wild
  Ratzinger
1 Krankenschwester, stumm
1 Liftboy, stumm

1., 2., 3. Akt in der Bundesrepublik Deutschland;
4. Akt in Schweden; 5. Akt in Österreich.
Die Namen der Medikamente sind erfunden.

Erster Akt

«... dennoch hat sich bisher jede Bundesregierung auffallend schwer damit getan, die Unvollkommenheiten aus dem ‹Gesetz über den Verkehr mit Arzneimitteln› zu entfernen. Denn sie sind es, die der bundesdeutschen Pharmaindustrie im Vergleich etwa zur amerikanischen oder schwedischen profitträchtige Erleichterungen vor allem bei der Einführung neuer Medikamente im eigenen Land verschafft. Mehr noch, dieses generelle Gesetz hat wiederholt ausländische Produzenten dazu veranlaßt, Medikamente, die im eigenen Land noch nicht eingeführt werden konnten, weil die dort geltenden Sicherheitsbestimmungen nicht erfüllt waren, in der Bundesrepublik registrieren zu lassen. Auf diese Weise konnte man bei der Anwendung an Deutschen Erfahrungen über mögliche schädliche Nebenwirkungen sammeln (und gleichzeitig natürlich eine Menge Geld verdienen), was der Einführung des Arzneimittels zu Hause nur dienlich sein konnte. Kein Wunder, daß allenthalben in Fachkreisen das Wort von der ‹Versuchsklinik Bundesrepublik› umgeht.»

Thomas von Randow, *Zeitmagazin*, 16. Februar 1973

Labor und Büro in einer pharmazeutischen Fabrik in der Bundesrepublik. Ab Hüfthöhe sind alle Wände verglast – «Experimentierkäfige», wie Lydia Kowalenko ihr Arbeitsgehäuse nennt: eine Ärztin von nahezu sechzig Jahren, die hier Büro und Labor nebeneinander hat, getrennt durch eine Glaswand und eine Glastür, die von der Rampe nach dem Hintergrund die Bühne halbieren – ungefähr: das Labor, rechts vom Zuschauer, ist ein wenig schmaler als das Büro links, in dem nicht nur der Schreibtisch der Bakteriologin steht, sondern auch noch der Platz der Sekretärin ist, samt Schreibmaschine. Die Fensterwand – der Hintergrund der Bühne – geht auf Industrie-Silos, sogar einen hohen Schornstein kann man im Fabrikhof sehen.
Doch nicht abgebildet werden soll die Realität, sondern nur angedeutet: zwar soll, was auf sie hinweist, naturalistisch genau wiedergegeben sein, doch genügen sehr wenige Details, das Ganze zu veranschaulichen. Zum Beispiel reichen aus, das Labor zu kennzeichnen, auf dem langen, kunststoffbeschichteten Tisch ein großes Mikroskop und ein Ständer mit Reagenzgläsern und Pipetten, natürlich auch Schalen, Schläuche, Bunsenbrenner. Die weiße Zentrifuge, die aussieht wie eine altmodische Waschmaschine, steht auf dem Boden, festgemauert. Leichenblaues ultraviolettes Licht verhäßlicht das Labor und verstärkt bei seinen «Insassen» das Grundgefühl, ständig überwacht zu sein ...
Im Büro kennzeichnet der schwarze, drehbare «Prokuristen»-Sessel die immerhin bevorzugte Stellung dieser altgedienten Ärztin in der Firma. Da jedoch die Möbel in den sechziger Jahren gekauft wurden, tragen sie erheblich dazu bei, der Arbeitswelt Strafvollzugs-Charakter zu geben. Das hat sogar die Geschäftsleitung gemerkt, so daß sie gern sieht, wenn «ihre» Mitarbeiter sich Pflanzen mitbringen ins Büro: Frau Dr. Kowalenko hat nicht nur eine Fensterbank vollgestellt mit Blumen und Kakteen, sondern sogar eigens ein Tischchen, auf dem ein fast raumhoher Fikus (Gummibaum)

steht. Sie pflegt ihn so unentwegt – auch während sie redet – wie ihren Hund, den sie daheim lassen muß …
Ihre siebenunddreißigjährige Tochter trägt ein ärmelloses buntes Sommerkleid, teuer und sehr modisch; daß ihre Mutter trotz der Juli-Hitze einen weißen Kittel tragen kann, unter dem man ihr Kleid neben dem V-Ausschnitt sieht, verdankt sie der Klimaanlage.
Lydia mikroskopiert und macht Notizen; sehr oft, so daß es hier nicht eigens angemerkt wird, sondern der Schauspielerin überlassen bleibt, wann sie das tut, murmelt sie: «Meine Brille»; sie hat verschiedene und sucht sie immer wieder …

KATIA *klopft an und stößt schon die Glastür auf und ruft*:
Ich hab's gewußt, Mama, du bist wieder nicht
in der Kantine!
Sie gibt ihrer Mutter einen Party-Kuß.
LYDIA: Und ich wußte, daß du heut mittag kommst,
setz dich, hast du Zeit –
KATIA: Du solltest essen gehen.
LYDIA: Kind, ich werde zu müde durchs Mittagessen,
vom Dickwerden zu schweigen.
Und vor allem – ich will erst die Tür zumachen –
schmeckt's mir heute schon gar nicht dort,
wo ich den Tisch des Chefs vor Augen habe,
während sein Opfer, der arme Weiss,
auf der Intensivstation liegt.
KATIA: Der eine hat den Boss im Betrieb
– der andere zu Haus.
Da ich wußte, daß du nicht essen gehst,
hab ich dir Eis und Brötchen mitgebracht.
Sie legt zwei Kleenex-Taschentücher aus und stellt Pappbecher mit Eis und zwei Brötchen der Mutter hin, die an einem anderen Tisch vom Mikroskop aufsteht und fragt –
LYDIA: Sei bedankt, wieder Ärger mit deinem Mann?

KATIA: Die übliche Anfaucherei wie früher
unsere zwei Katzen. Er wirft mir vor –
LYDIA: Wozu habt ihr euch scheiden lassen,
wenn ihr dauernd telefoniert –
KATIA: Scheidung, wo Kinder sind, ist eben keine.
Er bildet sich wirklich ein, er kriegt den Jungen,
weil ich mich angeblich nicht um ihn kümmere.
Wäre nicht mein elitärer Dünkel, wie er das nennt,
wäre ich Praktiker wie er
und arbeitete zu Hause und ließe Tom
nicht verwahrlosen –
LYDIA: Recht hat er. Ein Halbtagsjob
täte nicht nur Tom besser,
sondern auch dir.
KATIA *kurz*:
Halbtagsjobber nimmt niemand ernst,
sofern man sie überhaupt nimmt, Mama!
Entweder – oder: ich will nicht nur
Hilfskraft sein. Aber ich hab dich gestört,
ich kam zu früh.
LYDIA: Ja, laß mich doch nur noch zehn Zeilen diktieren,
der Brief muß morgen früh in Bern sein.
Da ist ein neuer Krimi in der Schublade!
KATIA: Einen so guten wie: Die Rechnung ohne den Wirt
finde ich doch nie wieder!
Lydia ist an ein Diktiergerät gegangen, das heißt: sie hat das Labor verlassen und ist in ihr Büro, hinter den Schreibtisch, zurückgekehrt, sie diktiert erst im Stehen, dann sitzend, während ihre Tochter die Füße auf den Tisch legt und raucht und liest. Man hört
LYDIA, *ins Diktiergerät sagen*:
Liebes Fräulein Strotha, gehen Sie doch heute
eine halbe Stunde früher, aber nehmen Sie selber
diesen Brief an Kölliker mit zur Post,
er soll unbedingt morgen früh in Bern sein. Danke.

Also:
Sehr geehrter Herr Professor, mit separater Expreß-Post übersende ich Ihnen eine Probe des BG-1724 mit der Bitte, diese Substanz bakteriologisch überprüfen zu wollen. Bitte, könnten Sie so freundlich sein, mir die ersten Ergebnisse telefonisch durchsagen zu lassen, sobald sie vorliegen … Absatz.
Ich entnehme dem Programm des Göteborger Symposiums, daß Sie am Donnerstag vortragen werden, und ich wäre Ihnen dankbar, wenn Sie trotz Ihrer großen Inanspruchnahme dort eine Viertelstunde Zeit für mich erübrigen können, damit wir ein Problem, den Wirkungsmechanismus des obengenannten Präparats betreffend, erörtern könnten. Ich bin ab Dienstagnachmittag im Hotel Anglais, Telefon – suchen Sie bitte die Nummer heraus, Fräulein Strotha, und geben Sie ihm die an! Danke.
Die Tochter hat inzwischen den Krimi desinteressiert weggelegt und ist rauchend ans Fenster getreten, um in den Fabrikhof zu schauen, lebhaft sagt sie jetzt zur Mutter, als die wieder ins Labor zurückkommt und ihr Eis löffelt –

KATIA: Im Hof steht ja eure Staatskarosse;
ich dachte, dein Big Boss sei in Urlaub?

LYDIA: Stellst du mal die Zentrifuge ab? – danke.
Der ist wieder da, weil heute sechs Chinesen
mit ihrem Aufpasser durchs Haus geführt werden.

KATIA *stellt den Schleuderapparat ab; das Zischen hört auf*:
Kommen die auch zu dir?

LYDIA: Ich hab gesagt, ich hätte die Zeit nicht,
wieder mein halbes Labor zu verstecken,
nur weil die zehn Minuten hereinsehen.
Dafür muß ich heute abend mit ihnen essen.

KATIA, *und wendet sich dann weg vom Fenster*:
Der Chauffeur vom Big Boss steht so stolz
neben dem neuen Rolls-Royce: als hätte er ihn bezahlt.

LYDIA: Das macht gute Untertanen,

so verqueres Selbstbewußtsein:
solche Leute sprechen dann, was die Bosse gern hören,
von «meinem» Betrieb ...
ich such die Nummer vom Klinikum,
ich will fragen, wie's Weiss geht.

KATIA: Iß, ich such die Nummer ...

Sie hat ihrer Mutter das Telefonbuch abgenommen und sucht und wählt, gibt den Hörer dann ihrer Mutter, die inzwischen der Schublade ein Schmuckkästchen entnommen hat – ein längliches Futteral, in dem drei uralte, hauchdünne Goldmünzen liegen. Sie hält sie der Tochter hin – nimmt ihr jetzt den Hörer ab, hat aber noch gesagt:
Was meinst du, was die drei Münzen kosten?
Katia greift ein Kuvert auf, das ihre Mutter mit dem Münzkästchen aus der Schublade genommen hat; sie liest die Expertise:
Da muß ich die Expertisen dazu lesen, so viel Latein
kann ich ja nicht –

LYDIA *in den Hörer*:
Mahlzeit, bitte Herrn Dr. Reinhardt ... auf Visite?
Ob Sie so freundlich sind, ihm zu sagen,
er möchte Doktor Kowalenko anrufen ... Kowalenko,
ja, meine Nummer: 259447. Oder, Schwester, bitte,
können Sie mir sagen, wie es Herrn Doktor Weiss geht?
Wie? Nein, verwandt bin ich nicht, ich bin seine Kollegin.
Gut, aber daß mich dann bitte
Doktor Reinhardt anruft, danke.
Sie legt auf, Schulterzucken, das Nichtwissen andeutet, amüsiert fragt sie:
Schätz, was die Münzen kosten?

KATIA: Nun, die Expertisen prahlen, als seien das keine
Münzen, sondern der Hope-Diamant,
der allen seinen Besitzern Unglück brachte.

LYDIA: Achtundzwanzigtausend Mark ... ich soll sie
Montag in Amsterdam

einem als Honorar geben dafür,
daß er einmal den Telefonhörer abnahm
und mir bei seiner Gesundheitsministerin eine Audienz
von zwölf Minuten erwirkt hat ... eine Audienz, die
bis heute noch zu gar nichts führte.
Sie hat, während ihre Tochter die Expertisen wieder ins Kuvert steckte, die Münzen und dazu dann das Kuvert in die Schreibtischschublade eingeschlossen und steckt den Schlüssel in ihre Kitteltasche.

KATIA: Wieso Münzen?

LYDIA: Weil wir nicht wußten, ob wir diesem mehrfachen
Ehrendoktor Geld zustecken können
– und jede Bank nimmt die sofort
und läßt ihn wissen, was sie wert sind.

THOMAS *klopft an, Hauspostbote auf Zeit; einer der zwanzig Schüler, die in den Sommerferien hier einen Job gefunden haben: der lange, brettdünne Enkel der Lydia, Sohn von Katia, ein Siebzehnjähriger, dessen Kleidung aussieht, als schliefe er in einem Zelt. Aber sein Haar ist nicht überlang, fast gepflegt, seit er ein Mädchen hat. Absätze sind «abgelatscht», die Jeans mit ausgewaschenen Flicken verziert, das Hemd – T-Shirt – ist neu.*
Zuweilen redet er vernünftig, normal; fast immer aber macht er irgendeinen nach und macht das sehr gut. Er ist noch in dem Alter, alles lächerlich zu finden oder zu machen; seine eigenen Lebenspläne und Chancen schätzt er – von Stunde zu Stunde wechselnd – entweder größenwahnsinnig oder bis zu Selbstmordgedanken zerknirscht als überhaupt nicht vorhanden ein. In den Schulfächern ist er jeweils so gut oder schlecht, wie er die Lehrer mag oder haßt. Mit parodierendem Überschwang, nachdem er sein Postwägelchen halb in den Raum hineingeschoben hat, hebt er beide Arme und verleiht den Segen:
Urbi et Orbi, als Papst und als Pole!
– Völker Europas, schützt eure heiligsten Güter!

Chinesen ante portas, ja schon im Hause,
ja, in diesem Stockwerke schon …
Sehr übertrieben:
Frau Doktor Kowalenko, Frau Doktor Michelsberg,
darf ich Ihre opulente Zweimarkzwanzig-Kantinen-Atzung
unterbrechen, weil soeben der Verfassungsschutz
diese Eilbriefe aus São Paulo und Moskau
freigegeben hat, nachdem er herausfand,
daß unser Postgeheimnis gewahrt blieb …
Zur Großmutter; er spricht so schnell und übertrieben artikuliert, daß niemand unterbrechen könnte:
Bitte sehr, bitte sehr, bitte sehr. Die Marken,
versteht sich, für den Postboten!
Er hat ihr eine Handvoll Briefe verschiedener Größe gegeben, sagt jetzt mißbilligend zur Mutter:
Für Sie wieder nichts, für Sie wieder nichts …

KATIA, *mehr schroff als amüsiert, doch er läßt sich nicht stoppen*:
Quatsch doch nicht!

THOMAS: … was ich namens der Geschäftsleitung aufs äußerste
zu rügen Anlaß finde,
da der an Sie, Frau Doktor, nicht vorhandene Post*eingang*
eindeutig belegt, daß Ihr Post*ausgang*
auch zu wünschen übrig läßt,
welches Rückschlüsse auf Ihre hier
nicht stattfindende Tätigkeit – aha, ich vergaß:
daß Sie ja gar nicht angestellt sind in unserem Hause,
was es nur um so verdächtiger macht,
Sie als Frau vom Fach
hier zum Zwecke offensichtlich der Werkspionage …
Mama, ich sage kein Wort, daß ich dich erwischt habe,
wenn du mir zwanzig Mark, es dürfen auch fünfzig sein
… ja, Oma, auch daß du hier das Verbot übertrittst,
betriebsfremde Personen sogar in dein Labor …
ich brauche wirklich Geld.

Ernst jetzt:
Habt ihr hier denn gar nichts mehr zu essen?
Er hat sie beide geküßt.
KATIA: Wozu brauchst du schon wieder Geld?
THOMAS: Die Bullen wollen welches:
mein Mofa fuhr bei Rot über die Kreuzung.
KATIA, *heftig*:
Zum zweitenmal. Schlüssel her!
THOMAS: «Schlüssel her»? Ist das dein Dank,
daß mir nichts passiert ist?
LYDIA, *schockiert*:
Junge, tu dir nichts an mit dem Ding.
Wieviel brauchst du?
KATIA: Mama, nun laß doch dein Geld, er hat ja –
THOMAS: Dein ausrangierter Herr Gatte, der gestern abend
wieder sehr heftig, wenn auch nicht völlig unglaubhaft,
geltend machte, mein Vater zu sein
– hat – hat, jawohl, jede weitere Zahlung
unter dem Vorwand verweigert,
erst einmal müßte ich, damit und überhaupt
und gar nicht in Frage – und so weiter.
Und wieso auch schon wieder und habe ja erst neulich ...
KATIA: Halt's Maul! Idiotie von deinem Vater,
dir ein Mofa zu kaufen.
THOMAS: Aber Mami, sei doch froh,
jetzt hast du wieder was,
um über Papa herzuziehen.
Du hast mir das Leben geschenkt,
er nur ein Töff.
KATIA: Trottel. Weißt du, wie wir euch in der Klinik nennen, euch und die Fahrradfahrer?
Die Nierenspender. Weil nur das Hirn kaputt ist.
Fünfzig im Jahr allein hier: jede Woche einer.
LYDIA: Nun hör ausnahmsweise mal auf deine Mutter.
Was brauchst du denn?

KATIA: Nein, Tom verdient doch hier, Mama.
Der zahlt selber.
LYDIA: Na, was verdient er schon.
Was zahlen sie dir hier in der Stunde?
THOMAS *nimmt das Geld, das sie ihm hinhält und küßt sie auf die Stirn und sagt*:
Danke dir, Oma – was kriege ich hier ... ja, der Konzern
macht ja geltend, daß in guten alten Zeiten
die Lehrlinge Lehrgeld bezahlen mußten –
LYDIA: Du bist doch kein Lehrling!
THOMAS: Ja, aber gegen Schüler macht er geltend,
der Herr Konzern,
daß unser Ferienjob zuerst die Funktion habe,
uns in Schutzhaft zu nehmen vor den Versuchungen
der Diskotheken und des Undergrounds,
so daß die Erziehungsbeihilfe, die er uns zusteckt,
sich beschränkt auf stündlich fünf Mark,
welche bei zwanzig Monatstagen und – und so weiter.
Auch sagt der Herr Konzern durch seinen aus dem Mund riechenden Personalchef,
daß er bei zwanzig Ferienjobbern
jedem einzelnen nur ein Zwanzigstel dessen zahlen könne,
was er einem zahlen würde, bräuchte er nicht zwanzig.
Ich werde meinen Gehalt genannten Sozialzuschuß
aufstocken, indem ich durch alle Abteilungen wallraffe.
LYDIA: Wallfahrte? – wie ...
THOMAS, *lacht*:
Nicht wallfahrte – wallraffe. Ich bin doch jetzt auch
als Hauspostbote verkleidet wie der.
KATIA: Nun red keinen Stuß, Tom, mach dich an deine
Post ... in zehn Minuten ist die Mittagspause um.
Ich geh telefonieren
und Oma Kaffee holen.
LYDIA: Habt's nicht so eilig, Tom bleibt noch bei mir –
wie willst du hier wallraffen?

Tom, *während seine Mutter den Raum verläßt*:
Wallraffen heißt doch in Banken, Industrien, Versicherungen,
Flughäfen, Ministerien, Redaktionen
die Kriminalität ausforschen ...
Tut das der Staat mit Steuerfahndung oder
Telefonabhören oder Postöffnung:
so ist das gesetzlich; tut das ein Schriftsteller,
indem er aufschreibt, was er als Mitarbeiter sieht,
so ist das zuchthauswürdig. Ist Spionage.
Oder mindestens Landesverrat. Und rechtfertigt
Wiedereinführung der Todesstrafe.
Lydia, *mit gespieltem Erschrecken; sie lacht dazu*:
Aber Junge, dann bist du ja gefährlich, dann muß ja
auch ich mein Büro vor dir abschließen!
Thomas: Veranstaltest du denn auch Schräges?
Lydia: Schräges? – was
Thomas: Machst du auch so Sachen,
die man besser nicht wissen sollte?
Lydia: Kann jedermann wissen, was ich tue,
nur Konkurrenzfirmen nicht, versteht sich.
Aber du mußt natürlich loyal sein,
ich hab dir den Ferienjob nicht besorgt,
damit du Artikel über diesen Betrieb schreibst!
Thomas, *spontan küßt er sie*:
Ich schreibe überhaupt nicht, selbst wenn ich's könnte:
Du solltest einmal beschreiben, wie mulmig dir's ist,
wenn du Medikamente an Patienten ausprobieren läßt,
die dadurch ins Gras beißen!
Lydia: Du hast aber eine fabelhafte Meinung von deiner
Großmutter: glaubst du wirklich,
daß ich vorsätzlich experimentiere,
wo ich's noch nicht verantworten kann? Nie!
Thomas: Vorsätzlich nicht, das glaub ich, aber –
Lydia: – aber irrtümlich: ist das ja kein Unrecht, oder?

Hast du etwa eine Idee, wie in der Medizin
oder meinetwegen auch
in der Flugzeugindustrie geforscht werden soll:
ohne irgendwann die Forschungsergebnisse
auch an Menschen auszuprobieren?

THOMAS: Ich dachte, die klassischen Ärzte, Pasteur, Koch, Salk, hätten ihre Heilmittel erst an sich selber probiert?

LYDIA: Richtig – aber ein Chirurg kann ja nicht eine neue Methode an sich selber probieren!

THOMAS, *lacht*:
Womit du wunderbar abgelenkt hast: ... Chirurgen
experimentieren ja kaum für die chemische
Fließbandindustrie!
Sie stehen nicht im Solde des Kapitalismus
wie ihr Industrie-Ärzte und -Chemiker,
das heißt unter dem Stress, Gewinn machen zu müssen
außer für sich selbst.
Papa sagt, ein stattlicher Prozentsatz
der Krankheiten sei den Nebenwirkungen
eurer Medikamente zu verdanken.

LYDIA: Natürlich – und der Wahllosigkeit der Ärzte,
sie zu verschreiben.
Neulich sagte einer ganz witzig,
die Pharmazie schaffe erst die Ursachen
ihrer Notwendigkeit.
Doch wenn das stimmte,
müßte man folgern, Sir Alexander Fleming
habe alle Leute erst krank gemacht,
damit er ihnen sein Penicillin verkaufen konnte:
ob das nicht ein bißchen übertrieben ist?

THOMAS, *lacht auch, sagt aber rasch und ernst*:
Du bist es ja selber gewesen, Oma, wie oft!
– die uns hat wissen lassen, wie mulmig dir's ist,
wenn du zwischen Leningrad und São Paulo
deine Pülverchen verteilst, ohne zu wissen,

ob die den Patienten aufhelfen oder in die Urne.

LYDIA, *steht auf, Brille in der Hand und sagt wie eine Dozentin*:
Nun denk mal nicht so schlecht von deiner Oma:
erstens bin ich noch nie losgefahren,
ohne einen Zentner vorklinische
Untersuchungsergebnisse
studiert zu haben ...

THOMAS: Aber sind die denn nicht auch schon aufgeschönt
durch Ärzte und Biochemiker,
die schließlich ihren Brotherrn in den Fabriken
brauchbare Ergebnisse
ihrer Forschung bringen wollen.

LYDIA, *ganz eindeutig*:
Nein, da bist du im Irrtum: das ist streng getrennt!
Wer zum Beispiel eine Substanz hergestellt hat,
die Mäuse sediert ...

THOMAS: Sediert? – was heißt: sedieren!

LYDIA: Wo ist denn dein Latein: sedere, sitzen,
zur Ruhe bringen.

THOMAS: Aha, danke – also einer hat ein
Mäuseberuhigungsmittel ...

LYDIA: Dieser Forscher ist nie der gleiche,
der dieses Mittel auch an Menschen probiert.

THOMAS: Sondern?

LYDIA: Ein Dutzend Wissenschaftler probiert jetzt,
zunächst an Ratten die Dosis letalis:
wiegt eine Ratte dreihundert Gramm
und stirbt schon an einem Gramm,
kann man erste Rückschlüsse ziehen.
Die Toxikologen sind die ersten, die weiterprüfen.

THOMAS: Wüßte ich, was Toxikologen sind ...

LYDIA: Giftkundler – meist Teamworker.
Wenige von denen können sich
einen Namen machen, damit fällt eine Versuchung,

für manchen eine große, schon weg;
und zweitens –

THOMAS: Zweitens kriegt ihr aber doch Prämien,
Gehaltserhöhungen, wenn ihr etwas gefunden habt.

LYDIA: Sicher, die finanziellen Versuchungen sind da
– aber viel mehr bei den Klinikern als bei unsereinem.
Du mußt auch bedenken, Tom, ich könnte doch
keinen Professor ein zweites Mal dazu überreden,
ein neues Medikament für meine Firma zu prüfen,
wenn ihm am ersten, das ich anbrachte,
ein Patient gestorben wäre!

THOMAS: Wieso – kann der das nicht leicht vertuschen?

LYDIA: Doch, aber sein Assistent erfährt's immerhin
– hat niemand gern, wenn ihm Patienten sterben
auf Grund neuer Heilungsversuche;
vergiß die Konkurrenz nicht:
warum sollte einer mit mir arbeiten,
wäre er bei Medikamenten
unserer Konkurrenzkonzerne sicherer?

THOMAS: Wohin, Oma, mußt du demnächst,
so lange ich noch Ferien habe?

LYDIA: Singapur: zu langer Flug, zu kurzer Aufenthalt,
willst du trotzdem mit?

THOMAS: Das wäre Spitze, aber zu teuer.

LYDIA: Werden wir sehen: das Reisebüro räumt Rabatte ein,
wenn jemand so lange ein so guter Kunde ist ...
nur, Tom, ich glaub, zunächst wär mal deine Mama
an der Reihe, von mir mitgenommen zu werden.

THOMAS, *wiederholend, steht auf*:
Zu teuer, Oma, bis nach Singapur.

LYDIA: Laß das meine Sorge sein, ist ganz egoistisch,
wenn ich dich oder deine Mama einlade:
Du weißt nicht, wie meine Abende in solchen Städten,
in den ewig gleichen Hotelzimmern sind,
und nie ein Mensch, der kein Kollege ist.

folg gegen das Dickwerden und geriet in die Industrie, weil seine Tatenlust und seine Erwerbsgier es nicht ertrugen, sich für ein «Drecksgeld», wie er es nannte, als junger Arzt in Kliniken ausbeuten zu lassen. Wo und wenn schon ausgebeutet wird – will Böblinger auf der Aktivisten-Seite stehen. «Arzt war ich früher mal – jetzt h a l t e *ich mir Ärzte» ist eine seiner Redensarten, die sachlich nicht unrichtig ist. Dem Stil des Zeitalters gemäß, mischt er Amerikanismen in seine Gespräche und taxiert zwar keineswegs bei Einstellungen die Bewerber nach ihrer «Fronterfahrung», wie er Arbeitsjahre in den USA nennt, doch tut er so, als seien allein solche Jahre entscheidend als Ausweis für die Befähigung, auch in der europäischen Industrie etwas zu leisten. Er hat «natürlich» richtig geheiratet – die Schwägerin eines jungen Mannes, der hier als Sohn des Hauptaktionärs in einigen Jahren «das Sagen» hätte – hätte nicht Harald Böblinger ... beschlossen, sich das auch vom Mann der Schwester seiner Frau nicht streitig machen zu lassen.*

Will Böblinger, der souverän alle Tricks beherrscht, aus der Rivalität seiner Pflichtlinge Nutzen und Arbeitswut zugunsten der Firma ziehen, zwei Abteilungsleiter gegeneinander hetzen, so sagt er «vertraulich» dem einen vom anderen: «Der mag Sie nicht» – ein unfehlbares Mittel des Verunsicherns und Intrigierens.

BÖBLINGER: Mahlzeit, die Damen Doctores.

LYDIA: Herr Böblinger, was führt sie zu mir,
darf ich Ihnen
meinen Enkel vorstellen,
Tom arbeitet in den Ferien als Hausbote bei uns.

BÖBLINGER *gibt Thomas die Hand; sagt lachend, zu Katia hin*:
Donnerwetter, drei Generationen,
zwei davon in unserer Firma,
haben wir unter den Akademikern nie,

unter den Arbeitern aber fast in der Regel:
was doch sehr für unser Betriebs-
und soziales Klima spricht!

KATIA: Wer sagt Ihnen, Herr Böblinger, daß mein Sohn
jemals Akademiker wird – bin schon froh,
wenn er Primaner wird.

BÖBLINGER: Wie gefällt's Ihnen in unserer Hauspost?

THOMAS: Oach – ja: schon angenehm, wenn man die Alten
nicht pausenlos anpumpen muß.

KATIA: Wie du's vor drei Minuten getan hast!

BÖBLINGER: Wiedersehen, Herr Michelsberg!
Denn Thomas hat begonnen, sein Postwägelchen hinausschieben; er sagt zu allen –

THOMAS: Wiedersehen.

KATIA: Komm nicht erst wieder nachts heim, Junge!

LYDIA, *die ihrem Enkel zunickte, zu Böblinger, aggressionslustig:*
Schon gehört: Doktor Weiss ist tot!

BÖBLINGER *will drüberhinschwadronieren:*
Schrecklich, ja – muß gleich rüberfahren,
drei Kinder ... finden wir was gegen Infarkte.

LYDIA, *doch mehr riskiert sie nicht zu sagen:*
Weiss hat nie verwunden, daß ihm die Leitung
von Fleschheim genommen worden ist.

BÖBLINGER *spielt das weg:*
Nein, nein – es ist der Stress hier überhaupt,
ich werde nicht so alt, wie Weiss immerhin wurde.
Zu Katia, wobei er sehr guterhaltene Zähne bloßlegt –
Toll, Frau Dr. Michelsberg, Ihre Publikation
über die Schocklunge – ich gratuliere Ihnen,
auch Ihnen, Frau Kowalenko, zu dieser Tochter!

LYDIA *unterbricht stolz:*
Welche Publikation meinen Sie denn, Katia hat doch
schon drei Arbeiten publiziert,
drei in sieben Monaten.

KATIA: Du übertreibst, ich bin nur Co-Autor, Mama.
BÖBLINGER: Sagen wir doch, wie's ist: Sie sind die Negerin
für die zwei Männer, deren Namen
vor Ihrem da gedruckt stehen ... immer dasselbe!
Genau aus diesem Grund bin ich getürmt
aus der Klinik und umgestiegen in die Industrie
– ich war nicht langmütig genug,
mich ausbeuten zu lassen:
sobald ich einen Zentimeter weitergekommen war,
hat nicht nur mein Boss das publiziert, sondern verlangt,
daß ich ihm noch schrieb, was er publizierte!
Drei Arbeiten haben Sie in sieben Monaten gemacht,
ich sah nur diese letzte: da möcht ich nicht wissen,
wie lange Ihr Professor Sie daran hindern wird,
sich von ihm zu emanzipieren.
Denn wenn Sie sich erst habilitiert haben,
kann er ja seinen Namen
nicht mehr gut über Ihre Arbeiten drucken.
KATIA: Kann er doch – so lange ich in seiner Klinik
den Neger mache ... aber er ist nicht unanständig,
er ermutigt mich zu vielem,
wozu ich selber die Courage kaum fände.
Ich hab meine Mittagszeit sehr überzogen
– und deine auch, Mama. Wo sind meine Autoschlüssel?
Wiedersehen, Herr Böblinger ...
BÖBLINGER: Wiedersehen, Frau Doktor.
LYDIA, *nachdem Katia ihr einen Stirnkuß gab*:
Paß auf, wie du fährst, Kind.
KATIA: Ach, Mama –
BÖBLINGER *hat Katia die Tür aufgehalten – sagt jetzt forsch und rasch*:
First things first!
Frau Doktor Kowalenko, hat Ihr Hauspost-Enkel
Ihnen schon die Flugkarte gebracht?
LYDIA: Flugkarte? – nein! Wohin –

BÖBLINGER: Sie fliegen morgen mit Doktor Lewinson
nach Madrid
und sagen dem Gesundheitsministerium,
daß diese zwei Toten in Sevilla und Saragossa
unmöglich in einen Zusammenhang mit unserem angeblich
kontaminierten Kontrastmittel gebracht werden können.
LYDIA: Ich soll dahinfliegen – ich, die Ihnen zweimal
schriftlich gab, daß dieses Zeug verdreckt ist
und vor dem Verkauf neu sterilisiert werden muß?
BÖBLINGER: Weiß ich, weiß ich, daß Sie gewarnt haben –
LYDIA: Gewarnt? – untersagt hatte ich den Vertrieb
dieses Gifts! Wozu bezahlen Sie mich,
wenn Sie erlauben –
Sie ist zornig aufgestanden und hat sich aus einem Regal einen Ordner geholt, in dem sie mit wachsender Erbitterung blättert; er hat sich gesetzt und raucht:
daß Ihre Vertriebsleute die Analysen ignorieren!
BÖBLINGER: Warum erregen Sie sich: hab ich Ihnen
einen Vorwurf gemacht? Ich –
LYDIA: Ich errege mich nicht nur, wenn man mir etwas
vorwirft, sondern wenn Menschen sterben,
obwohl ich voraussagte,
schriftlich wie mündlich,
daß der ganze September-Output von diesem Zeug
verseucht ist.
BÖBLINGER: Weil Sie kein schlechtes Gewissen haben:
sollen Sie unsere Wortführerin in Madrid sein
– Ihnen glaubt man's, daß der Tod dieser zwei Spanier
nicht auf unser Konto geht!
LYDIA: Was hat die Firma davon, Herr Direktor,
wenn in Spanien
ausgerechnet die Mitarbeiterin unglaubwürdig wird,
die ihr da alle Türen erst geöffnet hat?
Melden Sie mich lieber krank in Madrid
und schicken Sie einen,

der selber die Wahrheit nicht weiß und daher
so überzeugend für uns lügen kann, wie ich's nicht könnte,
weil ich weiß: wir sind schuld!

BÖBLINGER: In Madrid bezweifelt niemand, was Sie sagen,
und darauf allein kommt es jetzt an,
die Situation ist prekär genug ...

LYDIA: Ich habe in sechs Städten, Lissabon dazugerechnet,
klinische Prüfer, die seit drei Jahren
regelmäßig für uns arbeiten ...
ich nehme den Mund nicht zu voll,
wenn ich hinzufüge: es war nicht ganz leicht,
die Professoren Gracia-Lopez und Bley-Martinez
in Madrid und Barcelona
erstens überhaupt für uns zu gewinnen;
zweitens jetzt dafür,
daß sie T-2307 und Imoflex testen:
wollen Sie mir zumuten, daß alles, was ich da unten
für uns aufgebaut habe, vielleicht verspielt wird,
weil ich durchschaut werde als eine,
der man auch nicht mehr glauben kann als denen,
die zwei Spanier umgebracht haben
– mit diesem verdammten Saft, der zwar gut war,
als ich ihn dort einführte,
von dem aber die September-Produktion
kontaminiert, verschmutzt dorthin kam?

BÖBLINGER: Reden Sie nicht wie ein Staatsanwalt zu mir:
bin ich schuld, weil zwei Abfüller
sich die Hände nicht gewaschen haben,
als sie vom Klo kamen!
Ich habe weder deren Enterokokken
ins Vasographin hineingebracht,
noch habe ich davon gewußt,
daß der September-Output
entgegen Ihren Warnungen verkauft wird.

Ich bin so unschuldig an diesem Skandal wie Sie,
aber im Gegensatz zu Ihnen
fiele mir's nicht ein,
die Firma jetzt im Stich zu lassen!
LYDIA: Tue ich das? Ich lasse sie nicht im Stich!
Ich gehe so weit zu sagen: ich reise und übernehme
die sehr peinliche Aufgabe, subcutan ...
Schadenersatz in Aussicht zu stellen, ohne –
BÖBLINGER, *fast schreiend*:
Schadenersatz –? Wahnsinn wäre das,
wie kämen wir dazu!
Das ist ja der Offenbarungseid, ich verbiete ...
LYDIA: Lassen Sie mich ausreden: ich stelle Schadenersatz in Aussicht ... ohne zuzugeben,
daß die an unserem Zeug gestorben sind,
eben damit es nie genau untersucht wird,
und Philanthropen sind wir ja noch nicht, wenn wir
da einer Witwe oder Waisen oder Eltern
etwas zahlen: kommt in jedem Fall billiger,
als wenn wir wegen dieser Toten
– es können ja mehr werden als zwei –,
durch die Presse gezerrt werden.
Geben Sie mir nicht Dr. Lewinson mit,
sondern einen Juristen.
Ich werde alles tun, daß die Firma
ohne Gesichtsverlust rauskommt aus dieser Sache;
auch ohne Verlust von Marktanteilen.
Doch verlangen Sie nicht, Herr Direktor,
daß ich wissenschaftlich nachweisbar Quatsch erzähle
und mich – und uns alle, die ganze Firma –
lächerlich mache in Madrid.
Daß Enterokokken in unserer Lieferung sind,
können wir ja nun wirklich nicht ableugnen,
die Spanier sind ja nicht blind!
BÖBLINGER: Aber käuflich – wie jeder:

nur ihr Preis unterscheidet die Leute!

LYDIA, *bestimmt*:
Die sind nicht käuflich, im Ministerium
– und wären sie's, so wären sie teurer
als eine Witwe oder die Kinder, deren Vater starb.
Da wir ohnehin zahlen müssen
– sollen das Geld nicht jene haben,
die vertuschen, sondern Angehörige derer,
die an uns gestorben sind.

BÖBLINGER: «An uns gestorben» – Sie haben eine Art,
eine Unart, uns als Raubmörder hinzustellen ...
wie teuer sollte werden, was Sie da offerieren!

LYDIA: Die Höhe richtet sich bekanntlich
nach dem Lebensstandard nicht des Täters,
sondern des Opfers ... wird ja nicht grade
die Herzogin von Alba sein,
die an Vasographin gestorben ist.

BÖBLINGER *ist aufgestanden, geht hin und her, als überlege er – tut das wohl auch –, ob er auf Lydias Vorschlag eingehen solle; jetzt entnimmt er einem Cellophanmäppchen, das er mitgebracht hat, einige Blätter und legt sie vor Lydia hin. Und sagt anders, als er bisher sprach, fast ultimativ*:
Nein – nein, dreimal nein: wir zahlen nicht,
wir bieten nichts an ... wir machen keinen Deal.
Da sind mit Übersetzung
die Briefe der Spanier ... lesen Sie:
die beklagen sich ja nur, die fordern ja nichts
– die w i s s e n noch nicht einmal,
ob sie selber sicher sein können,
daß die beiden, wie Sie das so forsch nennen,
«an uns gestorben» sind ... blöd müßt ich sein
zu zahlen, bevor die selber wissen,
ob sie's beweisen können,
daß die beiden – die ja nicht als Gesunde

in die Klinik eingeliefert wurden –
nicht auch ohne unser KM
hinüber wären ...
Zum Glück ist ja in der Medizin
so vieles multifaktoriell
– und so weniges eindeutig!

LYDIA, *deprimiert – doch ganz ohne Blick für die Gefahr, in die sie sich begibt*:
Sie wischen wieder einmal meine Einwände weg
wie Taubendreck vom Ärmel –

BÖBLINGER: Im Gegenteil, Sie sind es, die
wieder einmal Gespenster sieht!
Als ich mich das letzte Mal von Ihrer Panik
anstecken ließ: hat uns das Millionen gekostet.
Sie erklärten kategorisch
und mit vielen Expertisen, GT 20
werde, ich weiß nicht wie viele,
Hepatopathien verursachen.
Es hat aber keinem geschadet ...

LYDIA: Das können Sie noch gar nicht ermessen.

BÖBLINGER: ... nur unserer Bilanz hat es geschadet,
denn ich ließ mich zurückhalten durch Sie,
bis die Japaner den Markt erobert hatten.
Und die bringt da keiner mehr weg!

LYDIA: Wozu bezahlen Sie mich eigentlich seit neun Jahren,
wenn Sie mir meine Schädlichkeit für die Firma
so demonstrativ vor Augen führen?

BÖBLINGER, *einfach und arrogant*:
Schließlich habe ich Sie ausgesucht,
Spanien in Ordnung zu bringen.
Sie sind der bessere Mediziner von uns beiden,
aber ich kann exakter abwägen,
ob die Firma auf meinem oder auf Ihrem Wege
die größere Chance hat,
mit einem blauen Auge davonzukommen.

Ich hab Sie angehört, ich entscheide anders:
that's all!
Fliegen Sie also morgen früh,
und beraten Sie sich unterwegs noch mit Lewinson,
der erst heut um drei aus Toronto zurückkommt;
ich überlasse es natürlich Ihrem Ermessen,
wie Sie eventuell, sollten Sie sich im Ministerium
nicht durchsetzen können –
was ich aber nicht hoffe –,
von Ihren klinischen Prüfern dort
einen anwerben, der Ihnen hilft ...

LYDIA, *lacht erbittert auf, auch arrogant, verletzend*:
Hilft – wobei? Glauben Sie im Ernst,
ich kann spanischen Professoren zumuten,
verseuchte Ware aus dem Ausland
für bakterienfrei zu erklären?

BÖBLINGER, *fast schon so aufgebracht wie Lydia*:
Das sollen die nicht!
Die Spanier sollen nicht behaupten, daß in dem Zeug
keine Enterokokken gewesen sind;
die sollen nur bestätigen, daß der Tod
diese beiden auch ohne uns geholt hätte!

LYDIA: Und wenn die Obduktionen erwiesen haben,
daß unser Präparat, vielmehr seine Verschmutzung –

BÖBLINGER, *seine Geduld ist erschöpft*:
Nun hören Sie auf, das wissen Sie doch auch,
daß kein Obduktionsbefund so eindeutig auf uns,
auf eine Medizin als Todesursache verweist!
Gucken Sie die doch gar nicht erst an die Befunde!
Wozu auch!
Gehen Sie nur ins Ministerium und –

LYDIA: Einverstanden, ich fahre – doch unter
der Bedingung, daß Sie mich ermächtigen,
unter der Hand mit Schadenersatz Frieden zu machen,
wenn die uns nachweisen –

BÖBLINGER, *schreit*:
Können die nicht. Wenn Sie nur
fest beharren auf unserem Standpunkt,
daß die nicht zu leugnende Verschmutzung des Zeugs
in Spanien, bei der Umfüllung passiert sein muß,
hat den schwarzen Peter die Iberia Pharma-Import.
LYDIA, *lacht ihn weg wie einen dummen Jungen*:
Zumutung! Ausgerechnet ich soll da lügen,
die einzige Ihrer dreitausend Angestellten,
die voraussagte, was jetzt passiert ist!
Nein, das tue ich nicht.
Ich helfe loyal,
weiteren Schaden abzuwenden von der Firma
auf die Weise, die ich vorschlug –
das heißt: fair auch gegenüber den Opfern.
Doch wenn Sie mir das verbieten, dann reise ich nicht.
BÖBLINGER, *eisig plötzlich – was sie in ihrer Rage nicht wahrnimmt, er hat erst jetzt seine Chance entdeckt, sie loszuwerden, die nicht zum erstenmal opponiert; sie merkt in ihrer Wut (und ihrer Verbundenheit mit der Arbeit) nicht, wohin er die Auseinandersetzung jetzt steuert*:
Frau Kowalenko: was Sie da tun,
nennt der Gesetzgeber: «beharrliche Dienstverweigerung»!
Hier hat einer die Verantwortung.
Dieser eine bin ich!
LYDIA: Vor der Firma, mag sein,
haben Sie die Verantwortung,
ich habe die für meine Integrität ...
bei aller Loyalität gegenüber dem Haus,
das mich seit neun Jahren ernährt –
zur Närrin lasse ich mich nicht degradieren,
ich biete an zu reisen, um zu tun,
was ich verantworten kann.
BÖBLINGER: Tut mir leid ... ich bestehe auf Befolgung
meiner Anordnung.

LYDIA, *mit Hohn*:
«Bestehen» – darauf, daß ich in Madrid
gegen alle ärztlichen Prinzipien verstoße?
Dann reise ich nicht, dann gehe ich lieber.

BÖBLINGER, *der nicht nur darauf gewartet, sondern zuletzt das Gespräch dorthin gelenkt hat*:
Sie gehen lieber – so! Sie wollen gehen: Akzeptiert
Ihre Kündigung, Frau Doktor, ist akzeptiert.

LYDIA, *begreift noch nicht*:
Kündigung – ich wollte ...

BÖBLINGER *fällt ihr ins Wort, sehr eilig*:
Ich verstehe. Sie haben gekündigt.
Sie wollen uns verlassen.
Ihr Gehalt ...
Details regelt die Personalabteilung ...
doch ich muß darauf bestehen,
Sie wissen, so ist das Usus
daß Sie ... wir haben jetzt drei Uhr:
ab Ende des heutigen Arbeitstages,
also ab 16 Uhr 30,
Ihr Büro nicht mehr betreten. Tut mir leid.
Guten Abend –

LYDIA: Nach neun Jahren?
Er reißt die Tür auf, so rasch, weil er fürchtet, sie könne irgend etwas tun, ihn umzustimmen, die idiotische Kündigung, zu der sie sich im Zorn hinreißen ließ, rückgängig zu machen. Sie sieht ihm, der die Tür aufließ, nach mit einem weißen Gesicht, das zunehmend versteint ... sie begreift, was sie sich angetan hat, an der Schwelle des sechsten Jahrzehnts. Sie ruft:
Dann sehen wir uns vor dem Arbeitsgericht.
Er hat das nicht mehr gehört. Sie geht marionettensteif zur Tür, sie zu schließen, murmelt:
Rausgeworfen – nach neun Jahren.
... nein, o Gott: nein!

Er hat mich nicht – ich habe mich rausgeworfen.
Was bin ich für ein Idiot.
Sie starrt vor sich hin, so trostleer, als sähe sie voraus, was nun kommt.

Vorhang

Zweiter Akt

«Der Arzt kann medizinische Forschung mit dem Ziel der Gewinnung neuer wissenschaftlicher Erkenntnis mit der ärztlichen Betreuung nur so weit verbinden, als diese medizinische Forschung durch ihren möglichen diagnostischen oder therapeutischen Wert für den Patienten gerechtfertigt ist.»

Empfehlung für Ärzte, die in der biomedizinischen Forschung tätig sind.
Revidierte Deklaration von Helsinki, beschlossen von der neunzehnten Generalversammlung des Weltärztebundes am 10. Oktober 1975 in Tokio.

Blumen in einem großen Fenster, Bücher, aufgestapelt, vor einem Regal, aus dem sie herausgeräumt wurden, eine Terrassentür, die in einen schmalen Garten führt, den man sieht, charakterisieren diesen Bungalow-Raum.
Lydia hat für zwei Personen zu Kaffee und Kuchen gedeckt und schneidet aus Blumen welke Blätter, die sie in einen Plastikeimer tut. Gereizt blickt sie auf ihre Uhr, dann murmelt sie, die wie alle Einsamen mit sich selber redet –

LYDIA: Wenn er doch nicht kommt, kann ich auch noch
die Agave umtopfen.
Sie legt die Gartenschere weg, öffnet die Verandatür, zieht Gummihandschuhe an, entnimmt einem Zeitungskorb einige Seiten und breitet sie aus auf der Terrasse, um Blumen umzupflanzen und – merklich erleichtert aufzustehen; sie kniete am Boden, als es gleich dreimal hintereinander klingelte. Der von ihrer Tochter geschiedene Schwiegersohn tritt rasch vor ihr ein, ein Mediziner, fünfundvierzig, lang gewachsen, Stirnglatze, sportlich angezogen, in der Hand noch den Autoschlüssel; etwas atemlos, als sei er gelaufen, statt gefahren, erklärt er –
WERNER: Eine Hysterikerin, die nichts hat als ihr
Klimakterium und einen Trottel von Mann,
hat darauf bestanden, mich Samstagnachmittag
noch zu holen
– hat nichts als viel Geld und wird's mir büßen
mit einer mörderischen Rechnung, entschuldige!
LYDIA: Du meinst, ihr Mann wird das büßen ... setz dich.
Oder nein, ich hab das Kaffee-Wasser schon aufgesetzt,
guck doch diese Bücher rasch durch, alles Medizin,
also vermutlich veraltet ...
aber wenn ihr was brauchen könnt
oder du gar für Tom was aufheben willst, nimm's mit.
Den Rest holt Montag der Antiquar
– ich räume!

Sie zieht ihre Gummihandschuhe ab und folgt seinem Blick auf eine Wand, an der noch der Umriß eines großen Bildes zu sehen ist.
Dir fällt die leere Wand auf,
... ja, 's ist weg, das Bild.
WERNER: Aber war das nicht dein schönstes
diese mexikanische Madonna, paar hundert Jahre alt!
LYDIA, *Schulterzucken*:
In Kommision gegeben, dem Galeristen Bleichmann,
er wollte mir fünftausend zahlen,
ich will aber acht, also nahm er's nur in Kommission.
WERNER: Warum tust du das, Lydia?
Verkauft man denn ein solches Bild?
LYDIA, *berührt ihn am Arm*:
Besser jetzt, als wenn ich's erst muß.
WERNER: Also, deshalb bin ich auch hier, um über all das
zu reden ... übrigens kommt auch deine Tochter,
ich hab ihr etwas zu sagen, das sie hoffentlich
dank deiner Gegenwart anhören wird,
ohne Krach ...
Dein Bild – ich rufe gleich an –
holen wir zurück vom Bleichmann.
LYDIA: Werner – du bist rührend,
ich wünschte, meine Tochter
hätte soviel Verständnis.
Aber sei doch ehrlich: ein Bild,
das doch für euch keinerlei Wert hatte:
eine Madonna – was sagt die euch noch!
Aber so brauche ich nicht das Geld für die –
Mit weiter Geste durch den Raum auf das Haus hin:
verdammten Zinsen von der Bank abzuheben.
... ich las mal, das sei der Anfang vom Ende:
wenn man sogar die Zinsen nicht mehr verdient.
WERNER: Entschuldige, Lydia, aber du bist doch nicht arm!
Böblinger muß doch was ausspucken!

LYDIA: Bis jetzt noch nicht – bis jetzt
hab ich nur Anwaltskosten.
Natürlich sind da noch Reserven,
aber wie lange reicht's!
Diesen noch nicht bezahlten Bungalow
kann ich nicht anbeißen!
Du vergißt, daß ich gekündigt habe,
... ich war eben verdammt blöd!
Mit neunundfünfzig lohnt's das Porto nicht,
Der Kessel pfeift.
Bewerbungen zu schreiben.
Das Kaffeewasser – sieh die Bücher an.
Damit geht sie in die Küche; er wendet sich dem Stapel zu und besieht nur die meist dicken Bücherrücken; einige Bände legt er beiseite, in einigen sucht er das Erscheinungsjahr. Er hat zwei Bücher in der Hand – wendet sich der Tür zu und ruft ihr nach in die Küche –
WERNER: Bücher verkaufen, du weißt doch:
man kriegt nichts dafür, was soll's –
du bist in Panik!
Sie ist wieder da, mit dem Kaffee.
LYDIA: Ich weiß auch, für die Bücher
kriegt man nichts, aber Platz machen,
das ist doch wichtig, wenn man verkaufen muß;
und dich hab ich hergebeten, weil du den Bungalow
zuerst angeboten kriegst – wär doch schön,
er bliebe in der Familie
und Tom wohnte eines Tages hier.
WERNER: Und du glaubst, ich nutze das aus!
Das Haus bedeutet dir zwar wenig, ich weiß,
aber der Garten alles, gerade jetzt, wo du –
LYDIA, *reicht ihm die Tasse*:
... wo du eine andere Arbeit doch nicht mehr findest,
willst du sagen ...
WERNER, *rasch*: Nein, will ich nicht sagen,

kommt auch gar nicht in Frage, daß du verkaufst!
Entweder stellt dieser Gangster dich wieder ein
– oder muß dir so viel zahlen, daß dein Haus
hypothekenfrei ist.

LYDIA, *Brille auf, hat drei Briefe aus dem Nebenzimmer geholt und gibt sie ihm; während er die kurzen, ungefähr gleichlautenden Absagen überfliegt, sagt sie:*
Ach, das Geld: die Arbeit fehlt mir.
Die Wirklichkeit steht in diesen Briefen:
zwei Absagen aus Basel, eine aus Linz.
Und hier im Umkreis von tausend Kilometern
war ja mein sogenanntes Querulantentum,
meine mangelhafte Begabung fürs Teamwork
schneller bei allen Konkurrenzfirmen avisiert
als meine Bewerbungen da ankamen.
Es ist aus!
Hier, keine Krähe hackt einer anderen und so weiter:
will niemand dem Böblinger antun,
mich einzustellen; in der Ferne: nimmt mich niemand,
weil ich zu alt bin!
Leidend, zerknirscht:
Wer mit neunundfünfzig noch selber wagt zu gehen,
der gilt als dermaßen rebellisch:
daß niemand ihn nimmt.
Und Arzt-Vertretungen zu machen,
traue ich mir nicht mehr zu – nach zwanzig Jahren
in der Industrie. Stell dir vor,
Sie faßt sich ans Herz:
ich müßte nachts irgendwo einen Notfall verarzten:
ich kriegte ja Stenokardien!
Und als ich bei dem von der Gewerkschaft war,
um mir den richtigen Anwalt empfehlen zu lassen:
hatte ich das Gefühl, ganz sicher,
daß der mich bei Böblinger denunziert!

WERNER: Kann dir das nicht schnuppe sein?

LYDIA: Glaubst du, ein Kollege von Böblinger
stellt eine Ärztin ein, die dermaßen rot ist
– das würden doch diese Idioten schon rot nennen –,
daß sie auch nur zu einer Beratung
die Gewerkschaft aufsucht?
Einem Packer, einem Schornsteinfeger:
mag ein Gang zur Gewerkschaft
verziehen werden – einem Arzt nie!
WERNER: Du weißt zuviel von dieser Firma,
als daß die sich's leisten könnte,
Dich wegzuschmeißen wie 'ne Einwegspritze.
Du hast aus einem anständigen Motiv dich geweigert,
... sonst hast du dir
nicht nur nichts zuschulden kommen lassen,
sondern hast deine Firma ...
LYDIA, *winkt das zu Boden*:
Was hilft das! Ich hab gekündigt.
Und sogar in meinen Briefen seitdem zigfach
mich damit gebrüstet, um mich nicht
als Rausgeschmissene zu bewerben.
WERNER, *ratlos*:
Es geht einfach nicht, daß nichts geht!
Komm ab morgen in meine Praxis
und arbeite dich wieder ein in die Alltagsmedizin,
doch meine Frau, wie so oft zweite Frauen, ist ja
noch immer dermaßen eifersüchtig auf ...
LYDIA, *lacht*:
Werner, das ist lieb von dir, aber es fehlt mir ja
durchaus nicht an Praktikern, deren Frauen
nicht eifersüchtig sind auf meine Tochter ...
nur: wohin führte das, wenn ich jetzt im Alter
noch zwei Jahre als Lehrling praktiziere
– und dann mit einundsechzig endlich
die eigene Praxis eröffne?
WERNER: Sehr vernünftig; wenn du aber dann doch

zu risikoscheu geworden sein solltest:
kannst du immer noch deine Rente
durch Vertretungen aufstocken ... oder in eine Klinik ...

LYDIA, *bitter*:
Die lachen doch nur,
bei dieser Arztschwemme,
wenn eine alte Frau da noch Assistentin spielen will!
Nimm mir das Haus ab, denn hier im Ort
kann ich ja in keinem Fall Arbeit finden;
vermieten kann ich es kaum, wer imstande ist,
die Miete zu zahlen, die ich brauche wegen der
Hypotheken, der baut schon selber ...

WERNER: Das ist nicht das Problem: sondern wie ich's
fertigbringen soll, deine Situation auszubeuten,
um wieder Hausbesitzer zu werden.

LYDIA: Überflüssige Skrupel: Du brauchst ja nicht mich,
um zu einem zweiten Haus zu kommen!
Welcher Arzt mit Praxis kaufte nicht irgendwann sein
zweites Haus! Jetzt aber hilfst du mir damit – und ...
Katia! Oder Tom, der wollte auch kommen, vielleicht.

WERNER – *während sie schon hinausgeht, um zu öffnen, da es geklingelt hat, ruft ihr nach*:
Was Tom ankündigt, kündigt der immer nur
«vielleicht» an;
zuverlässig wie ein Dackel, der Kerl!

Katia «rauscht» herein, wieder sehr modisch, mehr Mannequin als Medizinerin, begrüßt den «Ausgeschiedenen», wie sie zu sagen «pflegt», mit einem eisigen «Hallo», während er ihr die Hand küssen will, wozu sie es nicht kommen läßt.

LYDIA – *und damit läßt sie die zwei allein*:
Freu mich, daß du schon kommst,
solange Werner noch hier ist!
Eine so seltene Freude, euch wieder einmal
gemeinsam

... ich hole noch eine Tasse. Wann kommt Tom?
KATIA: Rechne nicht mit ihm, vielleicht kommt er dann.
LYDIA: Haut euch nicht, ich hol dir nur eine Tasse.
KATIA: Ja, ich hatte noch kein Mittagessen.
WERNER, *weil sie allein sind*:
Du wirst ja immer schöner, im Ernst.
KATIA, *nimmt den abgegessenen Teller ihrer Mutter und ein Stück Torte*:
Ist doch klar – weil ich zum erstenmal im Leben
einen guten Liebhaber habe, nicht nur eine Bettflasche.
Du bist wieder dicker geworden.
WERNER: Wie siehst du das, wenn ich sitze?
KATIA: Also kahler geworden bist auf jeden Fall.
WERNER: Mit deinem tollen Liebhaber, das wird ja nun bald ein trauriges Ende finden!
KATIA: Willst du uns bei seiner Frau denunzieren?
WERNER, *lakonisch*:
Im Gegenteil: ich bin erleichtert, daß du
endlich wieder bemannt bist,
– seither drangsalierst du mich nicht mehr
mit Anwalt und Psychiater wegen Tom ...
doch dein Freund kommt ja nur ins gleiche Gefängnis,
– nicht in die gleiche Zelle wie du:
Mein liebes Kind ...
KATIA: Ich bin weder dein liebes noch dein Kind,
mein Ausgeschiedener! Gefängnis? – spinnst du!
Sie ißt gierig.
WERNER, *der aufgestanden ist; her- und hingehend*:
Dein Chefarzt-Star kann unmöglich glaubhaft machen,
daß er nicht gewußt hat, wie seine Geliebte
im hiesigen Spital Schocklungen-Patienten
durch Gewebe-Entnahme den Rest gibt!
KATIA, *völlig ungerührt*:
Mach mich nicht wahnsinnig mit deinem
Dozentenschritt,

setz dich, wenn du reden willst,
und noch besser: halt den Mund –
ich weiß seit Jahren,
wie neidisch du bist, daß ich im Gegensatz zu dir
wissenschaftlich arbeite und publiziere.

WERNER, *bleibt stehen, beugt sich, als dürfe er das hier nicht laut sagen, zu ihr herab und sagt doch sehr laut*:
Katia – die Spatzen pfeifen's von den Dächern ...

KATIA: So, die Spatzen.
Und du hast sogar vor Spatzen natürlich Angst.

WERNER: Daß ihr wenigstens zwei Schocklungen totgemacht habt.
Ich –

KATIA, *in Wut*:
Ich gehe sofort, wenn du wieder
meinen Erziehungsberechtigten spielst:
über meine Arbeit red ich mit meinem Chef,
nicht mit einem Aspirin-Verteiler,
der seine Komplexe – nichts geworden zu sein als das:
ein Aspirin-Verteiler – an der Frau abreagiert,
die ihm durchgegangen ist ...
Du hast mich unter der Vortäuschung,
über meine Mutter zu sprechen, hierhergelockt,
– und ich kam, um zu verhindern, wenn ich's noch kann,
daß sie dir und deiner dummen Laborantin
für 'nen Appel und 'n Ei dies Haus schenkt.

WERNER, *winkt ab, noch sehr ruhig*:
Längst besprochen, ich nehme es nicht,
das Haus.

KATIA, *stöhnend, zu Lydia, die eintritt mit der Tasse auf dem Tablett, mit Flaschen und Gläsern*:
Ganz unangebracht, Mama, deine Diskretion,
uns so lange allein zu lassen!

LYDIA: Warum? – ihr lebt doch noch!
Und vom Haus habt ihr auch schon gesprochen?

WERNER, *gereizt*:
Nur weil Katia natürlich überzeugt ist,
ich hätte es dir schon abgeschwatzt.
Ich nehme es nicht, lege aber monatlich was dazu,
wenn so das Haus in der Familie bleibt.
KATIA, *böse*:
In deiner oder in meiner?
Du weißt, Mama, Werner tut immer so,
als seien wir noch gar nicht geschieden.
WERNER: Ich tue was dazu, wenn du, Lydia,
drin bleibst in dem Haus.
LYDIA: Danke dir, Junge, aber das kann ich nicht annehmen!
Nein, wenn du's nicht nimmst
und wenn auch Katia hier nicht einzieht,
dann kommt's halt unter 'n Hammer, nicht zu ändern,
aber tragisch auch nicht: die meisten Menschen kriegen
erst mit ihren sechs Brettern ein eigenes Haus.
KATIA *hat aufgehört, Torte zu verschlingen; sie steht sogar auf, um die Mutter, die sich hingesetzt hat, auf die Stirn zu küssen*:
Mama, du mußt doch begreifen,
ich kann in unserem Kaff nicht bleiben
– sobald ich nur einen Schritt weiter bin
mit meiner Arbeit, muß ich in eine Universitätsstadt.
Außerdem kommt's gar nicht in Frage,
daß du verkaufst: Du ohne diesen Garten,
das geht einfach nicht!
Nimm doch endlich unseren Vorschlag an,
mit Tom, der jetzt Herbstferien kriegt, zu verreisen,
bis du zurück bist, ist dann vieles einfacher!
LYDIA, *herzlich, aber erbittert*:
«Vieles einfacher»: könntest du dich nicht
noch ein bißchen allgemeiner ausdrücken, Kind!
Werner, wohin hast du die neuesten Absagen gelegt?
Basel und Linz ... zeig die doch Katia!

In Urlaub jetzt, ich würde durchdrehen,
hier kann ich mir wenigstens noch vormachen,
eine Weile, es lohne, Bewerbungen zu tippen.
Ich bin aus.
Und ein Hotelzimmer hilft nicht sehr,
das zu verdrängen.

KATIA: Mama, du bist nicht aus. Heute, spätestens morgen
kommt mein Chef dich besuchen;
der ist ein passionierter Weichensteller!

WERNER: Warum geht Riemenschild
dann nicht zur Bundesbahn,
anstatt auf Kosten ahnungsloser Patienten
Weichen zu stellen, um doch noch Professor zu werden?

KATIA, *mitleidig*:
Nun laß doch, Wernerchen, du tust ja, was du kannst,
aber Riemenschild kann, was er tut!

LYDIA: Was soll er in meinem Fall tun können?
Als Klinikchef nichts – oder?

KATIA: Als Parteimann aber viel. Er will's dir selber sagen!

WERNER: Fraglich, ob die Sozialdemokraten
noch lange Lust haben,
mit diesem Manager in eigener Sache
im Städtchen anzugeben,
wenn erst im Städtchen ruchbar geworden ist,
wie ihr euch da im Krankenhaus
an Patienten vergeht.

KATIA, *boshaft; scheinbar leidend, wie sehr er ihr auf die Nerven fällt*:
Red nicht so viel, sonst mußt du noch
Sauerstoff-Steuer bezahlen.

LYDIA: Katia – mir zuliebe, ich hab doch Sorgen genug,
setzt nicht euren Scheidungszank fort,
hör doch wenigstens an, was Werner dir –

KATIA *aufgebracht, aber nicht weggehend, sondern nur herumlaufend*:

Mama, wozu:
Werner hatte noch nie im Leben etwas zu sagen,
was man nicht wußte, bevor er den Mund aufmachte.

WERNER, *einfach und daher noch schockierender*:
Natürlich weißt du,
daß du im Krankenhaus Leute totmachst.
Er sieht sie an.

KATIA, *ebenso einfach*:
Nun gehe ich, Mama – entschuldige, aber ...

WERNER *zu Lydia*:
Sorg dafür, daß Katia mich anhört,
sonst hört sie das
demnächst vom Staatsanwalt –

KATIA: Lieber als von dir.

WERNER: Das glaubst du selber nicht.

KATIA: Doch! Denn ein Jurist ist nicht wie du
neidverzerrt und legt deshalb,
wie absurderweise du –
als Tötung aus,
daß wir zugunsten der Wissenschaft
eindeutig Präfinalen ...

WERNER, *lacht hell auf, sehr gewinnend*:
«Eindeutig Präfinalen» – hörst du das, Lydia!
Wie viele sogenannte eindeutig Präfinale
genieren noch nach zehn Jahren uns Ärzte
durch beste Gesundheit!
Denk doch an den Herzspender,
der heute noch spazierengeht, weil zu seinem Glück
der Empfänger starb, bevor man
den «Spender» auf dem Tisch hatte.

KATIA *imitiert sein Lachen, sagt beleidigt*:
Für dich Feld-, Wald- und Wiesen-Doktor
gibt's natürlich überhaupt keinen Irrtum:
weil deine Sprechstundenhilfe nicht merkt,
wenn du einen totmachst –

und hast du mal Verstand genug zu merken,
daß dein Verstand nicht reicht:
schiebst du den Patienten ab an uns –
durch Überweisung ins Krankenhaus. Fertig.
Fertig für dich.
Hast du überhaupt seit dem Vietnam-Krieg
noch eine Fachzeitschrift angesehen? – Vorher
hat ja in aller Welt kein Mensch auch nur geredet
von Schocklungen ... und es sind ja nicht nur dort
noch an Atmungsstörung Soldaten genug erstickt,
die man längst gerettet glaubte,
sondern jeden Tag bei jedem – ich weiß nicht:
vielleicht zwanzigsten Verkehrsunfall,
der zum Tode führt,
sterben die Leute an Lungenversagen,
so erfolgversprechend zunächst
die Primärbehandlung aussieht!

WERNER, *während Lydia ein wenig geniert neben sich hinblickt*:
Danke, danke, Frau Doktor, für dieses Privatissimum
– dürfen deine Mutter und ich in Demut
hinweisen auf die Tatsache,
daß wir auch einmal Medizin studiert haben.

KATIA: Zu einer Zeit, als kein Mensch
überhaupt wußte, was da geschieht,
wenn einer wegstarb an der Schocklunge.
Und wenn's nach dir ginge
– doch Gott sei Dank geht's nur in deiner Praxis
nach deinen Anweisungen, die ebenso forsch
wie unoriginell sind –, würde noch heute nicht gefragt,
wie es in der Lunge
solcher Schwerstkranker aussieht.

WERNER: Forschung außer an dem Körper
des Forschers selber:
ist und bleibt – ist und bleibt –,

erlaubt nur dann, wenn wenigstens potentiell
der Versuchsperson zugute kommt,
daß an ihr ein neues Medikament
oder ein neuer Eingriff erprobt wird.
Für euch aber – dich und deinen Chef –
ist die Versuchsperson, die nicht gefragt wird ...

KATIA: Das solltest du herausforschen, wie man einen
Komatösen am Respirator, Tubus im Hals
noch befragen kann, welche Hilfen er zuläßt!

WERNER, *lacht*:
«Hilfen!» – Ihr helft nicht, ihr nehmt in Kauf,
ihn rascher hinzumachen, als er sterben müßte!

KATIA, *ungerührt, unerschrocken*:
Was erstens noch zu beweisen wäre
und was zweitens ...
keineswegs inhuman sein müßte.
Selbst einer, der jeden Ernstfall wegschiebt
aus seiner Praxis ins Krankenhaus wie du,
wird ja noch nicht ganz vergessen haben,
wie viele arme, gott- und verwandten-verlassene
Lebewesen es da gibt – oft genug –,
für die der letzte Liebesdienst ist,
sie schon am Mittwoch
statt erst am Freitag sterben zu lassen.

WERNER: Du willst mit deinem Kolleg
über medizinische Ethik ablenken
von den ganz konkreten Einzelfällen, die hier ...

LYDIA: ... leider auch mir, Katia, so zurückgezogen ich
doch nun schon ein Vierteljahr lebe,
zugetratscht worden sind!
Und zwar von einem unserer Kollegen,
der mit Mephisto-Blick sagte, ich solle dich fragen,
ob du – wie er formulierte –
«solche Beobachtungen auch gemacht» hast;
doch merke ich, er wußte sehr genau,

daß du die Anästhesistin warst,
die mit der Zange durch die Brustwand hindurch
Biopsien der Lunge an präfinalen Patienten
auf der Intensivstation durchführte,
um diese Technik beherrschen zu lernen ...
Du darfst das nur an Leichen!
KATIA, *beeindruckter als durch alles, was ihr früherer Mann sagte*:
Sieh da: meine Mutter und mein Ausgeschiedener
haben sich gegen mich verschworen!
LYDIA: Ob du's nun glaubst oder nicht:
ich wußte nicht, daß Werner davon sprechen würde.
Kind, du weißt nicht,
was im Städchen über euch gesagt wird.
KATIA: Und in diesem Klatschnest soll ich mich
durch Übernahme deines Bungalows verewigen!
Welcher Kollege, Mama, hat dir's gesagt?
LYDIA: Rossmann senior – der dir einst sehr gewogene
... oder gewogen gewesene. Er hat –
KATIA: Er hat einen Zuträger aus dem Krankenhaus,
wer kann das sein, verdammt?
WERNER: Nicht das Problem: sondern wie du
verantworten willst,
unseren Namen unmöglich zu machen.
KATIA: Du hast ja gar keinen, keinen Namen
– und willst deshalb verhindern, daß ich mir einen mache.
WERNER: Wenn demnächst unser Name
durch die Presse geschleift wird,
weil ein Prozeß –
KATIA: Wo kein Kläger – da kein Richter.
Ich werde Rossmann stellen,
den alten Quatschkopf, und ihn zwingen,
seinen Informanten preiszugeben, der unter Bruch
des Dienstgeheimnisses ...
LYDIA: Sei vorsichtig ... zu einem Arzt darf ja wohl

ein Arzt oder auch eine Schwester gesprochen haben.
Ich gebe Werner recht –

KATIA, *bitterlich, lachend*:
Hast du meistens getan –

LYDIA: Ja, daß ihr da so furchtbare Sachen macht,
dein Chef, um den Professortitel zu kriegen,
du, um dich zu habilitieren.
Rossmann konnte's ja nicht erfinden,
daß ihr eine Frau nicht weniger
als neunmal punktiert habt –

KATIA: Neunmal: was wohl immerhin beweist,
daß nicht jedermann dran stirbt,
wie Werner unterstellt –

WERNER: Vielleicht übt ihr so fleißig, daß ihr's
aufgegeben habt, die überhaupt zu zählen,
die nach zwei oder drei Punktionen sterben
– abgesehen davon, daß die es ja nicht sind,
die sich bei anderen Ärzten noch beschweren.

KATIA, *gereizt, weiß in ihrer Wut gar nicht, was sie damit auch sagt*:
Möcht wissen, wie die überhaupt erfahren hat,
daß sie auch nur einmal punktiert worden ist!
Wer hat ihr von neunmal gesprochen?
Oho – ich weiß jetzt,
wer sie informiert hat!

WERNER: Findest du das noch interessant
– angesichts der Ungeheuerlichkeit,
daß ihr ahnungslose Patienten, Geheilte,
unter dem Vorwand, eine Nachuntersuchung sei nötig,
zu einem Anästhesisten bestellt ...

KATIA: Zu einer Anästhesistin, willst du sagen, zu mir –

WERNER: Ich sage gar nichts –

KATIA: Und?

WERNER, *schreit plötzlich auf*:
Verdammt, warum läßt du mich das sagen!

Sag's deiner Mutter selber.
LYDIA: Katia, bitte – was ist passiert?
KATIA, *kleinlaut*:
Ja, Mama, ich hatte großes Pech:
die Frau, von der Werner spricht,
ist zu meinem Unglück ...
WERNER, *ziemlich laut, mit gepfeffertem Spott*:
«Mein» Unglück, «mein» Pech: wie typisch für dich,
von deinem Pech zu reden,
statt von dem dieser Frau!
KATIA, *kalt*:
Sie hat's nicht gemerkt, immerhin
– im Gegensatz zu mir; ich hab vor Entsetzen
fast den Verstand verloren.
LYDIA: «Nicht gemerkt»: soll das heißen, sie ist tot ...
WERNER, *rasch*:
Die nicht.
KATIA: Ich machte die Lungenpunktion –
WERNER *nochmals*:
An einer Gesunden,
wohlgemerkt unter dem Vorwand der
Nachuntersuchung –
LYDIA, *gereizt*:
Das weiß ich ja nun schon. Und?
KATIA, *Zucken in Gesicht und Schulter*:
Ging eben schief: fiel völlig zusammen die Lunge.
LYDIA, *erregt*:
Pneumothorax!
KATIA *nickt, schweigt. Dann*:
Nicht nur: sogar Spannungspneu mit Verdrängung der Brustorgane: und als sei das nicht genug:
nachfolgender Herzstillstand mit Kammerflimmern.
Als ich fast tot war: konnten wir sie endlich
zurückholen, nach dreimaligem Defibrillieren.
Ist nun mein Verhör beendet,

Herr Generalstaatsanwalt ... gratuliere dir,
daß deine totale Harmlosigkeit dich immer
auf dem Pfade der Tugend hielt.

WERNER, *verletzt, daher süffisant*:
Das ist dein Dank, daß ich dich warne!
Ein Kollege rief am Donnerstag an
und wollte von mir hören, was er tun könne,
den Namen Michelsberg aus einem Prozeß
herauszuhalten,
den eines eurer Opfer anstrengen wird.

KATIA, *doch merklich gedämpft*:
Wie hieß die Frau noch? – So eine kleine Dicke,
Schneiderin ist sie.

WERNER: Ich wüßte das, für dich, wie man hört,
haben Opfer keine Namen – so wenig wie
für Generale.

LYDIA: Werner, hüten wir uns, etwas schon deshalb zu
verteufeln, weil's uns nicht zustoßen könnte,
da wir verschiedene Berufe haben.

KATIA: Die Frau kann mir nichts anhängen.

WERNER: Und ob! Sie verklagt dich wegen
Körperverletzung ...
denn für sie war dein Eingriff
so überflüssig wie – wie ... wenn du sie
zu einem Hochseilakt gezwungen hättest.
Zufällig überstand sie ihn!
Da ich heiße wie du – hat unser Kollege gefragt,
auch deinetwegen, natürlich: was er schreiben soll!

KATIA: Willst du mir nicht seinen Namen nennen?

WERNER: Du brächtest ihn nur gegen uns auf,
der aus alter Zuneigung zu uns immerhin fragte,
wie er sich verhalten soll.

LYDIA: Also ein Prozeß – sagt's Tom noch nicht.
Denn Lydia hat ihn zuerst gesehen, der nicht wie die anderen geklingelt hat, sondern durch den Garten kam, ir-

gendwo über den Zaun gestiegen. Er kommt auf die Verandatür zu, angezogen wie neulich als Hauspostbote, nur statt des Hemdes trägt er jetzt im Herbst einen verwilderten Pullover, eine reißverschlossene weite Windjacke – und in der einen Hand ein dickes Einkaufsnetz mit Tomaten, Äpfeln und Corn-flakes. Bevor er noch an die Scheibe klopft, zieht seine Großmutter die Gardine zurück und öffnet ihm die große Verandatür, die nur von innen aufzumachen ist und die sie geschlossen hatte, als die Debatte laut geworden war.

LYDIA, *sehr erfreut*:
Tom, mein Junge!
Sie küßt ihn; heftig sagt – als wolle er das Thema beenden, bevor sein Sohn davon hört –, im Vordergrund zu Katia

WERNER: Das sage ich dir, Katia: ich lehne jede Vermittlung
ab zwischen dir und dem Kollegen,
der das Gutachten machen soll,
wenn du jetzt gegen den Informanten
von Rossmann vorgehst.

KATIA, *und berührt sogar seinen Arm; so süffisant wie nie, bis sie sich abwendet, als gäbe es ihn gar nicht*:
Wernerchen, ich habe doch niemals von dir
irgendeine Hilfe erbeten oder erwartet ... Tag, Junge.

THOMAS *hat sie geküßt. Sich sehr tief verneigend, wie bei Hof, sagt er zu Werner hin*:
Herr Vater – mehr erfreut, ehrlich, als erschreckt,
dich hier zu sehen ... ich kam übern Zaun von Süden,
daher ich eure Autos nicht vor dem Hause sah:
sonst hätte ich mich selbstverständlich nicht hergetraut –

KATIA: Wieso, du hast doch nichts ausgefressen.

WERNER: Ich als einziger kriege keinen Kuß –
nur noch, wenn ich dir Geld gegeben habe.

THOMAS: Reine Pädagogik, ja: Du Armer – daher du eben
fast immer ungeküßt durch die Welt gehst.

Er gibt ihm einen – dann reicht er der Großmutter das Netz mit Obst:
Statt Blumen, Oma, die du ja selber hast ...

LYDIA: Junge, heb dein Geld auf, Tomaten
hab ich doch auch selber und Äpfel.

THOMAS – *und zieht aus seiner Windjacke eine Flasche Remy Martin und reicht sie Lydia*:
Irgendwas muß man nun einmal dort bezahlen,
will man auch das auffinden,
– und Tomaten und Äppel sind jetzt am billigsten!

LYDIA, *mit dem Cognac*:
Tom, um Gottes willen: so eine Flasche
kostet doch über ... weiß nicht: vierzig Mark!

THOMAS: So schmeckt sie aber auch ... jedenfalls
vermute ich's,
wenn ich immer sehe, wie sich mein Vater
heimlich damit betrinkt, gell, Papi?
Dieses «gell» ist ein in dieser Familie nie benutztes «Wort», auch Papi sagt Thomas nie, sondern jetzt nur, den Vater aufzuziehen. Der sagt durchaus humorlos, ja fast ohne Atem vor Wut –

WERNER: Diese Flasche – die geht sofort zurück.

THOMAS: Die geht überhaupt nicht, die kann nicht mal
laufen – und wenn du das im Leibe hättest,
sehe ich ja jeden dritten Abend,
kannst du auch nicht mehr laufen.

KATIA: Tom, du hast sie gestohlen!

THOMAS: Also, Mama, du hast eine Ausdrucksweise,
die an Verleumdung grenzt ...

WERNER, *laut*:
Jawohl – gestohlen, und du wirst ...

THOMAS: Siehst du, Oma, die einzige Möglichkeit
für mich armes, scheidungsgeschädigtes Kind,
meine Erzeuger einmal einig zu sehen,
besteht darin, sie gegen mich aufzubringen!

Schon das allein ist mir's wert, eure Eintracht,
diesen Cognac adoptiert zu haben.

WERNER: Geklaut hast du ihn, geklaut. Katia, unser Sohn
– ein Ladendieb!

THOMAS: Was sind Ladendiebstähle –
gemessen an Arztrechnungen!

WERNER, *laut*:
Du lebst von diesen Arztrechnungen, Schnösel, du!
Ich lehne jede – ist ja auch deine, Katia:
Du beanspruchst ja die sogenannte elterliche Gewalt:
ich lehne jede Verantwortung ab und –

THOMAS – *und macht sich zurück, weil Werner ihm eine Ohrfeige geben will, die ins Leere «schießt»*:
Schon gut, schon gut, Papi – auch ich übernehme
ja für nichts, was du in deiner Praxis anstellst,
die Verantwortung ... Herrgott, wenn man hört,
welches hysterische Geschnäbel ihr anstellt
wegen einer Flasche Cognac:
dann hat man den Verdacht, ihr wollt nur ablenken
von dem, was ihr angestellt habt!

LYDIA *muß lachen und kann sich nicht verkneifen zu sagen*:
Oh, sein prophetisches Gemüt!

KATIA *hat sehr rasch, so daß ihm der Einwurf seiner Großmutter kaum «aufging», und im offiziellen Verhör-Tonfall gesagt*:
Tom, ich bin enttäuscht, ich verstehe nicht,
daß du klaust, es – es ist ehrlos.

THOMAS: Ach, Mama, «enttäuscht» – du enttäuschst mich,
so obrigkeitsfromm zu sein.

WERNER: Und wenn dich jemand beobachtet hat?

THOMAS: Wäre ich nicht hier, jetzt – wirklich, Papa:
entsetzlicher Gedanke, ich könnte erwischt
und für wehrunwürdig erklärt werden,
nicht aufnahmefähig in die Bundeswehr!
Ich habe mich doch vorher amtlich informiert,

ob Arbeitslose vom Staat einen Anteil an der
von ihm erhobenen enormen Getränkesteuer erhalten.
Die amtliche Antwort: nein
– also habe ich eben für eine Arbeitslose
Getränkesteuer erhoben, ist das nicht recht
und billig.

KATIA: Billig schon – wo war das? Ich zahle die –
was machst du, Mama?

THOMAS: Es war kein Tante-Emma-Laden, im Gegenteil:
war einer jener Läden, steht doch auf der Tüte,
aus denen wir über ein Jahr lang, zu fünft,
Überweisungen an die Tante-Emma-Läden
vorgenommen haben.

LYDIA: Will endlich nach einem Vierteljahr wieder einmal
an meinen alten Beruf erinnert werden und umfüllen.
Sie hat in eine Kristallflasche den Inhalt der Fabrikflasche gegossen oder ist dabei, das zu tun. Inzwischen hat Werner gefragt –

WERNER: Was habt ihr «zu fünft», was soll das –

THOMAS: Längst eingestellt, diese Aktion, die wir
gestartet hatten unter der Devise:
«Rettet die Tante-Emma-Läden!» ... wir haben
mehrere Monate lang aus den Supermärkten
solche Überweisungen wie heute hier getätigt
– nur Luxusartikel, deren Verbrauch ohnehin
fragwürdig ist, aus Supermärkten übertragen
– im Wortsinne: übertragen –
in Tante-Emma-Läden ... teure Seifen, Parfums,
solche Flaschen aus Großläden übertragen
in Kleinläden ... niemand gab uns dafür
ein Bundesverdienstkreuz, da haben wir schließlich
diese Aktion eingestellt. Oma, Liebe – ich gehe:
nächstens rufe ich vorher bei dir an,
damit mir das nie wieder zustößt!
Ich wollte doch in meine geliebte Oase Omi

– doch wen treffe ich hier:
zwei hysterische Erziehungsberechtigte,
die sich nur deshalb nicht auf mich stürzen,
mich zu zerfleischen, weil sie uneins sind:
wer von ihnen amtlich erziehungsberechtigt ist!
Er hat Lydia geküßt und ist im Begriff zu gehen. Schroff sagt zu ihm
WERNER: Du fährst mit mir nach Hause, ich –
THOMAS: Dein Zuhause ist nicht meins, leider –
KATIA, *scharf*:
«Leider?» – oh, bitte, Tom, du kannst gern,
wenn's dir bei mir nicht gefällt,
dich von Papas neuer Frau adoptieren lassen
– so wie du diesen Cognac adoptiert hast!
THOMAS: Ein netter Vergleich, Mama, ich danke dir.
Ich bin zwar auch eine Flasche – aber doch
nur eine, und ich dachte, die wolltest du behalten.
Während ja von dem Cognac sechs, wenn nicht acht,
ähnlich wie Zwillinge da standen auf dem Regal
und ich ausdrücklich fragte, die Flasche:
wie heißt du, wem gehörst du – keine Antwort.
Da nahm ich sie schließlich ans Herz.
Er hat vorgemacht, wie er die Flasche befragte in dem Supermarkt und sie dann «ans Herz», in die Windjacke gesteckt hat. Ohnmächtig vor Ärger sagt
WERNER: Unglaublich, es ist unglaublich, wie du noch
Spaß hast daran, ehrlos zu klauen und ich –
THOMAS – *immerhin in Vorsicht zu weit weg, um geohrfeigt zu werden*:
Und du, ich weiß, bist nicht nur machtlos,
sondern neidisch, daß ich dir nichts mitgebracht habe.
Kommt noch. Neulich beim Pingpong sah ich ja,
was dir fehlt, aber das fand ich nicht heut im Laden,
sonst hätte ich's dir schon mitgebracht:
ein Büstenhalter – 'n Abend.

Es ist durch die Verandatür ab und läuft weg aus dem Garten.

WERNER: Wer sich heute vermehrt, braucht für den Spott
nicht zu sorgen. Ich sah neulich
in einem Schaufenster: «Der Idiot der Familie»,
von Sartre: muß die Geschichte eines Vaters gewesen sein!

KATIA: Irrtum – die Biographie eines Junggesellen,
der so wenig Vater wurde wie sein Autor: Flaubert!
Du warst immer zu wehleidig.

WERNER: Darf ich dann fragen, was du, die
Erziehungsberechtigte,
gegen unseren Dieb zu unternehmen gedenkst?

KATIA: Nichts. Was ist ein Dieb – gemessen an dir:
einem, der seine berufstätige Frau
mit einer Laborantin betrog!

WERNER *beschämt, daher er nicht zurückhalten kann*:
Zugegeben: ein Unterschied ist zwischen uns,
Frau Riemenschild, die du mit ihrem Mann betrügst,
ist nicht berufstätig ...

LYDIA: Kinder – wascht eure Unterwäsche daheim ...
Ist das Riemenschild, Katia?

WERNER, *da Katia genickt hat; Lydia geht ab, um aufzumachen*:
Soll ich auch durch den Garten entweichen?
Gib bitte acht, Katia, daß deine Mutter
ihr Haus nicht verkauft – es würde sie derart ...

KATIA: Wozu auch, in zehn Minuten
hat sie wieder einen Job.

WERNER: Soso: was der alles kann, dein Weichensteller.

KATIA: Nicht so vergrämt sein, Wernerchen,
vielleicht wird ja aus dir auch noch was!

WERNER: Mir genügt's, Arzt zu sein, wenn ich an dir
sehe, wozu Mediziner fähig sind ...

Direktor Dr. Riemenschild, dreiundfünfzig und noch immer nicht Professor, obgleich Leiter der chirurgischen Abteilung des Krankenhauses und Chef des ganzen Spitals, ist der schöne «Herrenmensch» von ansteckendem Selbstbewußtsein, obwohl nicht ganz unangekränkelt von der Selbstverdächtigung, die Parteikarriere deshalb gesucht zu haben, weil er ahnte, daß die wissenschaftliche ihn sehr weit nicht bringen werde – oder doch nur kraft eines Parteibuches. Er ist beredsam, raumfüllend-wuchtig und war Golfspieler, bis er merkte, daß er beim Golf kaum zum Reden komme, was er Gedankenaustausch nennt, obgleich es wenige gibt, die sich rühmen können, in seiner Gegenwart zu Worte gekommen zu sein; und bis er merkte, daß Golf seinem Image als «Sozialist» nichts Zusätzliches einträgt; und bis sich herausgestellt hatte, daß seine Frau das Segeln nicht verträgt: daher er Golf aufgab und sich ein sehr teures Segelboot kaufte, das ihm erspart, mit Katia – die zu Hause einen Sohn hat – Stundenhotels aufzusuchen, da jeder Hotelier ihn kennt. Charakteristisch für ihn ist, daß er häufig Buchhandlungen besucht, sich auch erstaunlich auskennt in Neuerscheinungen, sie aber niemals liest, was auch (außer ihm selber) kein Mensch von ihm erwarten würde, da Krankenhaus und Partei und Freundin Katia nun tatsächlich ausfüllend genug sind; er aber findet es einfach ihm zugehörig, Geld für Bücher auszugeben, obgleich er schon als Student ohne besondere Überlastung zu denen gehörte, die mit der Redensart jedes Gespräch über Bücher beenden, daß sie «leider noch nicht dazu gekommen sind, es zu lesen» – er kommt und kam nie dazu, weil er Bücher immer nur ansah wie moderne Graphik, die er sammelt: als vergeistigenden Heimschmuck. Und in der Tat ist ja Titelkenntnis auf Party-Gesprächen viel gewinnender als die Kenntnis der Bücher selber, abgesehen davon, daß oft unter Menschen nur gehen kann – wenn er außerdem noch einen strapaziösen Beruf hat –, wer nicht liest ... Er ist beliebt in der Stadt, weil er mit dröhnender Jovialität jedermann zu-

erst grüßt, was nichts kostet, doch vielen schmeichelt, die ihn wählen sollen. Daß er außerdem als großer Herr ein konservativer Linker ist: besticht gerade «kleine Leute». Er tritt betont forsch ein wie in eine Parteiversammlung – eben w e i l *er ganz ausnahmsweise hier gehemmt ist: erstens, weil er weiß, daß Lydia «es» weiß; zweitens, weil da Werner steht; drittens, weil er plötzlich findet, er habe seiner Eitelkeit Zucker gegeben und hätte das zweifellos bedeutsame Geschenk, das er Lydia hier macht – auch telefonisch abgeben können, statt aufzutreten wie in einem Dorf, dem er als Wahlredner das Geschenk eines Schwimmbads oder einer Straßenbegradigung macht. Etwas zu laut also ruft er, bevor Lydia in der Tür erscheint –*

RIEMENSCHILD: Katia, hallo, guten Abend, Herr Kollege!
WERNER: Tag, Herr Riemenschild.
KATIA: Du siehst, Paul – wir hatten Familientag,
Tom ist auch erst vor zwei Minuten weg ... setz dich.
Die Männer gaben einander die Hand. Schnell sagt
RIEMENSCHILD: Aber da bleib ich doch gar nicht,
wenn ich hier einen Familientag störe ...
KATIA, *ebenso*:
Oh, was du unsere Familie nennst, die ist
bekanntlich gestört genug und nie so friedlich,
wie wenn sie durch Außenstehende gestört wird!
RIEMENSCHILD: Darin unterscheidet sie sich von keiner
anderen: j e d e Familie ist nur friedlich,
wenn Fremde da sind, wie Schafherden
den Hund brauchen.
Immerhin, wenn Tom auch hier war,
wie du sagst, war ja die Familie wieder komplett?
WERNER, *kalt*:
Sie vergessen, daß ich a u c h eine Frau habe
– die übrigens wartet. Lydia, ich fahre los,
sei bedankt!

LYDIA: Ich danke *dir*, Werner, komm bald wieder.
WERNER: Wir telefonieren morgen sowieso, Lydia.
Katia ... paß auf unseren Sorgensohn auf!
KATIA: Wie sollte ich das können! Hätte gar nichts dagegen,
müßte er mal sitzen: dann führe er wenigstens
nicht wie ein Amokläufer Mofa!
Paul, ihr Politiker solltet Minderjährigen verbieten,
was anderes als Rad zu fahren.
RIEMENSCHILD: Fahren denn Jungen blöder als wir Alten?
Übrigens sah ich Tom vorgestern Ecke Volksbad/
Goethestraße: er fuhr sehr vernünftig
über die Kreuzung ...
WERNER: Ja, solange er noch keinen Führerschein hat
und deshalb nicht auffallen will,
wenn er die schweren Brummer fährt,
später wird's furchtbar. Also – alles Gute allseits!
RIEMENSCHILD: Wiedersehen, Herr Michelsberg.
Werner wird von Lydia hinausgebracht, schnell hat Riemenschild Katia gefragt:
Wieso kommt Tom ohne Führerschein
an diese schweren Brummer?
KATIA, *Schulterzucken*:
Anscheinend das einfachste von der Welt:
vor Fabriktoren oder wo sonst Berufstätige
ihre Maschinen abstellen – «borgen», wie Tom sagt,
diese Flegel stundenweise die Maschinen,
mit einem Stückchen Draht, an beiden Seiten abisoliert,
überbrücken sie das Zündschloß – los geht's.
RIEMENSCHILD: Deine Mutter ist weit weg ...
Er hatte nach außen hin «gesichert» und küßt Katia wie vor dem Bett; verändert sagt er, sie noch im Arm haltend, aber wieder zur Tür hinsehend:
Du kennst das ja: erhält man eine sehr positive Botschaft
– folgt ihr auf dem Fuße die negative!
KATIA, *erschreckt, doch ahnungslos – macht sich los von ihm*:

Nun – red nicht in Rätseln, was?
RIEMENSCHILD, *drei Schritte von ihr weggegangen*:
Die positive bringe ich deiner Mutter,
die negative – dir: Du wirst angezeigt, ich auch!
KATIA: Angezeigt?
Es war typisch für Riemenschild, daß er zuerst von dem spricht, was ihm und seiner Freundin zustößt – so harmlos das auch ist, gemessen an dem, was sie beide einer Patientin haben zustoßen lassen; ebenso typisch wie die Tatsache, daß dieses ihr Opfer gar keinen Namen hat für sie ...
RIEMENSCHILD: Dein Reitunfall ist gestern abend gestorben.
KATIA *zuckt mit der Schulter, doch nicht gleichgültig, sondern bedrückt. Und sagt ungeduldig*:
Weiß ich doch seit heut früh.
RIEMENSCHILD: Weißt aber doch nicht, daß ihr Freund,
der dieses Ladenmädchen überhaupt erst
auf ein Pferd gesetzt hat – ein wildgewordener
Juso ist, der schärfste Linke, der ...
KATIA, *aufgebracht*:
Na – und? Bist du kein Linker!
RIEMENSCHILD: Nein, ich bin Sozialdemokrat.
Und es ist die Wonne dieses Schnösels,
der natürlich nur aus Opposition
gegen seinen Alten den Linken mimt ...
KATIA: Was geht uns sein Vater an?
RIEMENSCHILD – *während Lydia wieder eintritt mit Weißwein und Rotwein und Gläsern*:
Sein Vater ist der Anwalt der badischen Industrie:
der schwärzeste CDU-Reaktionär der Bundesrepublik,
der sich noch einen Aufsichtsrats-Vorstands-Posten
verdienen könnte, brächte er gegen mich
anläßlich der Landtagswahl im Herbst
einen spektakulären Prozeß zustande.
KATIA, *erläuternd zu ihrer Mutter*:
Wir werden angezeigt, Paul und ich,

weil die Denunziantin, von der ich dir schon
erzählt habe ...

LYDIA: Umgekehrt: ich hab zuerst dir erzählt,
was die Stadt erzählt ... was Neues?

RIEMENSCHILD: Ein nicht ungefährlicher CDU-Jurist
bekam denunziert,
daß Katia bei einem linken Hämatopneumothorax
auch noch rechts biopsiert hat.

LYDIA *verhehlt kaum, wie sie das aufbringt*:
Warum machst du das? – und!

KATIA, *da Riemenschild offenbar mit der Antwort scheut*:
Gestorben.

RIEMENSCHILD *schnell – legt ihr die Hand auf den Oberarm*:
Aber nicht an deiner Biopsie.
Gestorben wäre die sowieso ...

LYDIA, *zwei Flaschen in der Hand*:
Roten oder weißen, Herr Riemenschild?

RIEMENSCHILD: Samstagnachmittag – und nach einem
solchen Morgen: ist jeder recht, danke.
Sie wissen, warum ich gekommen bin?

LYDIA *sieht, daß er eine Visitenkarte aus der Tasche zog, lächelt, sagt*:
Fast weiß ich nichts. Fast!
Katia?
Sie hält fragend auch ihrer Tochter den roten wie den weißen Wein hin.

KATIA: Nach dieser Nachricht tut's Wein nicht
– da brauch ich schon einen großen Cognac.

LYDIA: Ich hab nur den, den Tom mitbrachte.

KATIA: Wo? – der ist genau richtig ...
Sie hat ihn stehen sehen und schenkt sich ein, schnell, bemüht abzulenken, hat Riemenschild die Karte an Lydia gegeben, die Platz nimmt und ihre Brille und zu lesen beginnt:
Wenn Sie diesen Rotary Club-Bruder Montag früh

anrufen, Frau Kowalenko, hören Sie,
daß Sie sofort in Freiburg anfangen können.

LYDIA, *der es jetzt fast völlig glückt, ihre Abneigung gegen Riemenschild zu verbergen*:
Eine kleine, aber sehr gute Firma: wie
haben Sie das geschafft, Herr Riemenschild!
Sie lacht zu Katia hin, gibt die Visitenkarte an die weiter und fragt:
Können wir Frauen nicht auch in den Rotary Club?

RIEMENSCHILD – *«Mächtigen» schmeichelt, wenn man sie durchschaut*:
Der Rotarier da ist ja nur Personalchef,
nein, geschafft hat das unsere Bank für Gemeinwirtschaft:
lassen wir das, wer kriegt,
der soll die Hand aufhalten,
aber die Augen zumachen.

LYDIA: Sie haben recht – sollen aber doch spaßeshalber
wissen, daß ich natürlich auch von dieser Firma
einen langen Ablehnungsbrief bekam ...
müssen Sie lesen, Moment!
Sie geht ins Nebenzimmer, schließt die Tür, als wolle sie den beiden Gelegenheit geben, allein zu reden; sofort sagt denn auch

KATIA: Muß ich auch die Augen zumachen?
– nur Dumme sind nicht neugierig.

RIEMENSCHILD: Nun, der Baulöwe, dem ich,
weil er so rot wie blöd ist,
den Auftrag zuschanzte, den neuen Flügel
der Klinik anzubauen: brauchte meine Vermittlung
bei der BfG ... er ist nämlich gar kein Löwe,
sondern allenfalls ein Kater.
Und da fiel mir deine Mutter ein, und ich sagte:
do ut des; der ist doch der Schwager
dieses Freiburger Pharmazeuten.
Katia küßt ihn herzlich.

Riemenschild rasch:
Kommst du heut nacht zum Boot
– aber nicht vor elf!
Wir haben Gäste, Parteileute, ich hab extra
zwei alte Jungfern ohne Auto dazugeladen,
damit ich einen Grund habe, die heimzufahren
– und dich noch sehen kann!

KATIA, *gekränkt, schroff*:
Für einen Viertelstundenfick: danke.
Schlaf mit deiner Frau.

RIEMENSCHILD: Liebling, sei nicht albern, sie verreist ab ...

KATIA: Fahr mit ihr,
der hübsche Kriegsdienstverweigerer
auf meiner Etage macht mich immer ganz schwach,
wenn er seine Ärmel hochkrempelt
– alles verweigert der bestimmt nicht.

RIEMENSCHILD: Der ist so alt wie dein Sohn.

KATIA: Und du wie mein Vater – und?

Lydia tritt ein, die Cellophanhülle mit Briefen in der einen, die Brille in der anderen Hand.

RIEMENSCHILD, *der längst aufgestanden ist, ruft ihr entgegen*:
Hat Ihnen eigentlich das Arbeitsgericht
überhaupt nicht geholfen?

LYDIA: Nicht, was Neues zu finden, aber ...

Vorhang

Dritter Akt

«Leiden, Arbeitsunfähigkeit, Schwäche und Qual, die aus technisch-medizinischen Eingriffen resultieren ... machen die Auswirkungen der Medizin zu einer der am schnellsten um sich greifenden Epidemien unserer Zeit.»

Ivan Illich: ‹*Die Nemesis der Medizin*›

Sektionssaal des Zentrums für Pathologie und Gerichtsmedizin.
Weiße, abspritzbare Kachelwände bis zur Decke. Auf gemauerten und gekachelten oder marmorierten Sockeln die Obduktionstische, deren oberer Rand und deren Platte aus Metall sind; diese Tischplatten bilden sehr flache Wannen mit einem Abfluß. Drei Tische sind nebeneinander, je achtzig Zentimeter mal einsneunzig, so daß je eine Leiche auf ihnen «bequem liegen» kann. Bequem: das heißt für die Umstehenden, die an diesen Tischen arbeiten. Bis zu dreißig Personen – um den Abstand der Tische voneinander zu bezeichnen – können an jedem gleichzeitig sezieren oder einem Sezierenden zuschauen. Neonröhren strahlen eisweißes Licht auf die Leichen, die gelb sind mit blauem Schimmer wie Hühner aus der Tiefkühltruhe.
Zwei der drei Leichen bleiben ohnehin zugedeckt von weißen Laken, nur die nackten Füße mit einem Namensschild an einer großen Zehe und der Haarschopf schauen hervor. Auch hängt von einer ein Arm herab, am Handgelenk ebenfalls ein Namensschild, wie ein Koffer-Etikett.
Es gibt «Phantome» genannte Lehrpuppen für Studierende der Medizin, die dem menschlichen Organismus genau nachgebaut und in alle ihre Organe zerlegbar sind. Sie sind lieferbar durch die Firma HEKO, Gellhornplatz 20, 2056 Glinde.
Theater, denen solche Phantome zu teuer sind, können Schaufensterpuppen auf die Tische legen. Wer Puppen verwendet, muß für eine der drei «Leichen» beim Metzger unzerlegte «Innereien» holen: Leber, Milz, Lunge, Magen, Herz und Gedärme von Rind oder Schwein, die zwar nicht mehr dampfend, aber frisch für die Vorstellung geliefert werden müssen (Tiefkühlprodukte sind ungeeignet, weil sie in Farbe und Konsistenz abweichen vom Aussehen der Organe Verstorbener, die bereits nach vierundzwanzig Stunden obduziert werden).
Herr Kuno und Herr Willi, ein betagter und ein jüngerer

Pathologie- oder Obduktionsgehilfe, betreten ihre Wirkungsstätte, schon eingekleidet: Gummistiefel, der andere dicke Holzsandalen, weiße Hose, kurzärmelige weiße Hemden, offener Kragen ohne Schlips; Herrn Kunos Hemd ist über dem schwanger aussehenden Bauch zu kurz, so daß rotbehaarte Haut sichtbar wird über dem Gürtel, so oft er sich bückt oder reckt. Die langen Gummi- oder Plastikschürzen ziehen sie erst an – die hängen da an der Wand –, während sie miteinander reden, beide sprechen ausgeprägt Dialekt, und zwar möglichst verschiedene, je nach der Herkunft der Schauspieler ...

Herr Kuno, der bald «in Rente gehen» wird, wie er das nennt, tappt breitbeinig einher, weil seine Oberschenkel so dick sind, daß sie sich sonst aneinander wundreiben. Rotbehaart, ist er doch auf dem Kopf bis auf einen spärlichen Haarkranz völlig nackt. Das Blau seiner froschhaft vorquellenden Augen wird noch intensiviert, weil sein Schweinchen Dick-Gesicht apoplexiehaft rot ist. Der vierzigjährige Herr Willi trägt nicht Gürtel, sondern Hosenträger. Er ist um zwei Köpfe höher als Kuno, was die Tatsache, ab heute dessen Untergebener zu sein, beiden erschwert. Resignation hat sein Gesicht aristokratisiert, das heißt: ermüdet, verfeinert und ihm einen Ekelzug in die Mundwinkel gegraben, so daß er wesentlich intellektueller aussieht als viele der Ärzte, denen er ab heute zur Hand gehen soll, so wie ja auch in Restaurants die Oberkellner meist eher nach «Herren» aussehen als jene, denen sie servieren müssen. Der Grund: er wurde aus dem Beruf, den er mochte, «rausrationalisiert»; er war Oberbäcker in einer Keksfabrik, die durch Anschaffung einer computergesteuerten Biskuit-Herstellungsanlage einhundertvierzig Bäcker durch drei ungelernte Hausfrauen, die einige Lichtknöpfe zu beobachten haben, «ersetzen» konnte; die Rationalisierer kalkulierten dabei nicht die ungefähr zehn höchstzubezahlenden Techniker ein, die ständig – oder fast ständig – ihren komplizierten Ofen «warten» müssen. Die Resignaton entstand allmählich

– so wie nur langsam Herr Willi begriff, daß seine vielen Versuche, wieder als Bäcker «unterzukommen», als unzeitgemäß scheitern mußten …

Kuno tritt vor Willi ein und wendet sich sofort dem Messerschärfen zu, indem er im Vordergrund zwei seitengewehrlange, schmale, schwarzgriffige Metzgermesser an einem dicken Riemen wetzt; er sagt zu Herrn Willi, der sich so ängstlich umblickt, als solle eines dieser Messer an ihm *ausprobiert werden –*

KUNO: Da – nehmen Sie da, auf dem Tisch da den Filzstift:
mit dem kannste auf Ihre Gummischürze den Namen …
den schreiben Sie auf die Schürze,
der Filzstift ist wäschefest. Abwaschbar.
Wie war noch Ihr Name?
WILLI: Ich bin der Herr Ratzinger, Willi.
KUNO *irritiert*:
Ratzinger – sehr umständlich. Ich bin einfach
der Herr Wild. Also schriftlich geht das ja noch, schreib's
da auf – übers Herz: Nachname.
Aber mündlich sind Sie für mich der Willi
und ich für Sie der Herr Kuno.
WILLI *demütig*:
Ja, Herr Kuno.
KUNO: Nun schreib schon – ja:
– da mußte natürlich die Schürze wieder abziehen,
wie willste denn sonst schreiben.
Das sind hier ganz gewöhnliche Metzgermesser, bloß
daß die dreimal so scharf sind,
denn wir sind ja keine Metzger,
wir sezieren – und müssen hernach wieder hübsch
und spurlos für die Angehörigen garnieren,
was in die Särge kommt …
also mit Messer-Schleifen
fängst du's morgens an, jeden Morgen:

Damit zum Beispiel der Skalp,
wenn wir Kopfhaut und Haare wegnehmen,
die kann man einfach abbalgen ...
wenn man den Rand angeschnitten hat,
um den hernach spurlos wieder draufzubabben,
denn bis zum Schlüsselbein sollen die ja
im Sarg propper aussehen, also auch nix – nie was:
an den Händen machen!
Weil die auf der Decke, logisch, liegen.
Da – in der Schublade da: sind Handschuhe,
sind Vorschrift,
nein, laß die drinne: stören dich bloß bei der Arbeit.
Nur die Jungen hier von de Studierten,
die ziehn welche an,
die kratzen sich sogar am Kopp nur mit Pinzette,
hier kannste was erleben mit die Studierten!
Je frischer, je höher de Nase – bin immer froh,
wenn sie widder draußen sind und ich allein
mit meine Leichen.
Weil Ratzinger, fertig mit Schürze und Filzstift, sich angstvoll umschaut:
Was guckste denn so?

WILLI: Ich hab noch nie Leichen gesehen,
außer meine Mutter.

KUNO: Warste nicht mehr im Krieg?

WILLI: Nein.

KUNO: Lieber Gott, und das will ein Mann sein!
– Kommen Sie,
machen Sie alle diese Kühlschranktüren mal auf,
keine Leiche beißt Sie ... wenn dir doch mal
dein Magen in den Mund kommt, denn deckst du
der Leiche das Gesicht zu, wegen ihrem Rest
mußt du nicht kotzen.

WILLI *zieht scheu die erste Kühlschranktür auf, dreht sich zu Kuno und fragt:*

Und woher weiß man, daß die wirklich
ganz tot sind?

KUNO, *gemütlich*:
Wer noch nicht tot war,
ist garantiert vor Schreck gestorben,
als er hier reinkam.
Und eine Nacht lang im Kühlschrank tut den Rest.
Nur gibt's jetzt Schwierigkeiten, weil ja die Menschen
immer länger werden ... diese Kühlschränke
sind lang genug
für 'ne Leiche, aber die Wägen nit, diese Wagen hier:
da liegt doch – siehste: so kannste die rausziehen –
ein jeder unter so 'ne Art Käseglocke aus Plastik ...

Er zieht eine Leiche auf dem Wagen, mit dem sie im Kühlschrank lag, heraus, nicht, wie üblich, «mit den Füßen voran» sondern mit dem Kopf. Der vierrädrige Transporter auf kleinen Gummirädern ist überdeckt mit einem Plastikdeckel, unter dem die Leiche «ruht». Dieser Deckel wird abgehoben, sobald die Leiche an einen der Seziertische herangefahren wurde, um auf ihn gelegt zu werden ... Unter der fahrbaren Liege ist ein nachtgeschirrartiger Topf, in den Flüssigkeit aus dem Toten abrinnen kann.

Und diese verdammten Deckel, die sind zu kurz,
da mußte manchmal schieben und drücken,
wenn der zu lang ist,
damit daß du den überhaupt unner 'n Deckel kriegst.
Der hält da aber nicht stille: erschrick dich also nit,
wenn du abhebst, den Deckel,
und der plötzlich – der Tote – mit dem Fuß ausschlägt:
das macht der nur,
weil wir den vorher daringezwängt haben;
auch wenn du sezierst, passiert das mal,
daß du hier, den – diese Sehne hier ... hier, den:
daß du den durchschneidest und denn schlägt dich
der Tote noch in die Fresse – der haut dann hoch,

der Arm, verstehste ...

Kuno hat erst an seinem, dann an Ratzingers Arm einen Schwinger vorgeführt, um zu demonstrieren, daß Bizepsmuskel und Trizeps-Sehne Antagonisten sind.

Kuno, der jetzt das Wägelchen Richtung Seziertisch im Vordergrund zieht, hat nunmehr den Plastikdeckel abgehoben, unter dem die zweiundzwanzigjährige Gunhild Klippel liegt; er «ermutigt», da Willi nahezu gelähmt vor Grausen reaktionsunfähig da steht:

Heb das Mädchen besser gleich alleine uffn Tisch,
denn wenn ich erst in Rente bin,
denn hilft auch keiner;
ja, das war auch noch kürzlich eine,
bei dem einer mehr bekam, wenn er die hochhob,
als bloß kalte Hände ... mit 'en Pferd
hat die sich totgestürzt, aber nun wispern se,
wir hier im Haus hätten ihr den Rest gegeben,
deshalb ist heute was los hier mit welche von auswärts,
von Staatsanwaltschaft von auswärts ...
Deshalb ist heute die Kalte Platte nicht
's nachmittags um viere, immer Donnerstag um viere,
ist jede Woche Kalte Platte,
sondern schon 's morgens früh!

WILLI *will mit seinen Fragen Zeit gewinnen; noch traut er sich nicht, die Tote auf den mittleren, den noch unbelegten der drei Tische «umzubetten»*:
Kalte Platte – was ist denn ... Kalte Platte?

KUNO: Nichts zu essen – aber ich habe Hunger!
Nun leg erst die Schöne mal auf den Tisch.
Oder in die Wanne, denn siehste: solche Tische
sind ja flache Wannen – und hier hast du Wasser:
sobald du die uffn Tisch hast, drehste hier den
– drehste den Hahn uff, damit daß die dauernd
unner sich Wasser hat, also: nicht jetzt schon,
aber wenn ich anfange, die zu sezieren.

Willi, *fassungslos*:
Sie? – sezieren denn Sie, ich dachte Ärzte!
Kuno: Die Ärzte, die halten Reden, das laß dir
ein für allemal gesprochen sein, Studierte,
die arbeiten nicht, die halten Reden,
die machen sich keine Hand schmutzig;
die Arbeit hast du ... gestern abend,
da ist der hiergewesen, um zu sprechen,
ich sollte mit seine Arbeit schon anfangen,
weil er ... ich weiß nicht, wohin der muß,
heute morgen und später kommt.
Das ist streng verboten, daß wir ohne Arzt
... also sonst schon. Nur nich,
wenn's um eine geht, die Ärzte totgemacht haben.
Da muß immer ausdrücklich ein Arzt derbei sein,
worauf's dem Gericht ankommt ...
Nun – ich seh schon, du traust dich nit,
also paß uff: so fäßt du die an,
und weil die nicht mehr lebt,
deshalb macht die sich so schwer,
Tote machen sich schwer, das ist aber auch
schon der ganze Unterschied zu einer,
die du noch lebend hinlegst.
So, da liegt sie, eine Pracht von einem Weib
war das noch vorige Woche.
Und siehste, die Liste da –
da steht druff,
was ich für die Kalte Platte
aus der jetzt rausholen muß.
Er hat ein DIN-A4-Blatt genommen und liest.
Willi, *angstvoll*:
Ohne Handschuhe?
Kuno: Wieso nicht, die mehrsten Menschen könnten
sich was einbilden, wenn sie außen
so sauber wären wie innen.

WILLI *ebenso*:
Aber was heißt denn: Kalte Platte?
KUNO: Kalte Platte: da liegen alle Innerein druff,
wenn ich die Toten ausgenommen habe,
damit daß die Studierten sich gegenseitig
anschwärzen können, wer wann was
und weshalb falsch gemacht hat.
WILLI, *mitleidig*:
Wieso passiert denn das? Und jede Woche?
KUNO *hebt das Messer und erklärt, heftig mit dem langen Messer gestikulierend*:
Früher, verstehste, wie ich Anfänger war,
da gab's nur zwei Sorten von Operationen,
entweder, es wurde einer operiert, weil er Erster lag ...
Geldzählerbewegung: ... von wejen hier:
Erster Klasse. Oder weil er wirklich krank war.
Heute gibt's aber noch eine dritte Sorte, verstehste?
WILLI: Von Patienten?
KUNO: Nein, von Operationen: das einer nur operiert wird,
weil der Chef bloß Direkter ist,
aber noch Professor werden will ... Hier den,
also natürlich nicht unsern Pathologen,
sondern den auf Chirurgie:
den mußten se zum Direkter machen,
weil er erstens ein scharfer Sozi ist,
zweitens ein scharfer Fronleichnams-Marschierer,
katholisch wie 'n Betschemel ... weil, tuscheln se,
er fachlich eine Medizin-Flasche ist.
Der trägt den Himmel an Fronleichnam,
und am 1. Mai schleppt er 'n Plakat.
Du mußt gucken, wer die Mehrheit hat
– und bei denen machste mit in de Bachdei,
denn kriegste sogar mit Hirnschaden noch ein Amt.
Aber am besten fahren die,
die uff zwei Schultern tragen – und zwar offen:

nicht etwa heimlich, nein:
das muß alle Welt sehen,
daß de uff zwei Schultern trägst,
also: ein schwarzer Genosse sein
– oder linker Flügel der Schwarzen.
So wirst du Direktor
– nur für Professor zu werden:
das schafft sogar Kirche und Bachdei nur –
wenn dir was Neues einfällt!
Aber hier der, der hat dazu bloß
das Skalpell, aber nicht das Gehirn.
Und deshalb hat er das Mädchen totgemacht,
um was Neues rauszufinden: Professor wird nämlich nur,
wer als erster eine neue Krankheit verursacht,
dies's bisher nicht gegeben hat.
Und dabei hat'e Pech gehabt:
die ist eingeliefert worden als Ladenmädchen:
als ein hundsgewöhnliches Ladenmädchen
– steht ja druff da, guck uffs Blatt!

WILLI, *liest ab*:
Beruf: Verkäuferin. Ja?

KUNO, *lacht böse*:
Isse auch nur, Verkäuferin – bei Tage.
Aber 's nachts, da hat sie nicht verkauft,
da hat sie geliebt, das wollen wir ihr auch gönnen,
jetzt wo's tot ist, das schöne Mädchen.
Und zwar gegen einen Jungen von besseren Leuten
– und sicher kam sie ja auch durch den auf das Pferd.
Und von dem der Vadder oder Onkel, was weiß ich,
der ist nun was Besseres:
Staatsanwalt oder Arzt – jaa ...
Und das freut mich ja nun,
daß unsre widerwärtige Null hier,
daß der das nicht gespannt hat
und hat der Kleinen, als läge se nix wie dritte Klasse

im Brustkorb rumgefummelt!
Und deshalb hat der nun die Meute auf 'n Hals,
Kalamitäten von der Staatsanwaltschaft.
Kalamitäten sind Sachverständje, wenn d'e erst
'n paar Wochen hier bist, dann beherrscht du
diese Fachausdrücke.
Nun pack se mal an – los, wir tragen die
rüber ... da in die Wanne für 'n Moment.
Du bist doch sicher Radfahrer – da weißte –
Herr Wild hat, während der mit Willi die Leiche in die Wanne trägt, erläutert:
wovor wir das ze machen haben:
ich steche ihr mit eine Art von Schusterpfriem
in die Seite ...

WILLI: Pfriem – was ist ein Pfriem?

KUNO: Kennste nich? – manche sprechen auch Ahle
... Schusterpfriem. Hier – siehste:
wie wenn du einen Schlauch flickst
und dauchst ihn in de Wanne,
damit daß du siehst, wo der Bläschen wirft
... genauso ist das:
da kannste mal sehen jetzt, wie eine,
der die Luft ausgegangen ist,
wie die noch blasen kann – außen falschen Loch!
Er hat die Leiche unter Wasser mit dem «Schusterpfriem» in den Pleuraraum gestochen und zieht ihn vorsichtig wieder zurück; dabei entweichen links wenige Blasen; rechts entweicht sprudelnd Luft unter Druck ...
Hörste: wie wenn du in der Wanne
einen fahren läßt – oder viele.
Nun nimm's wieder hoch –
und widder rübber mit ihr uffn Tisch!
Das tun sie.
Nun baß gut uff, guck genau hin:
wir nehmen uns zuerscht den Thorax vor.

Zuerscht ein Schnitt – siehste:
vom Brustbein bis zur Scham
und denn knackste noch: das kannst du machen
mit der Geflügelschere ihren Brustkorb uff
und schon kannst du den ganzen Larifari rausziehen,
ohne irgendwas davon zu beschädigen …

WILLI: Larifari?

KUNO: Das sprechen sogar die Ärzte: Zunge,
siehste, wie lang die ist!
Speiseröhre, Luftröhre, die ziehst du von unten,
vom Brustkorb her, raus … das ist so einfach,
wie wenn du eine Gans ausnimmst;
riechen – riechst du was?

WILLI: Ein bißchen, aber nicht sehr.

KUNO: Sag ich ja: riechen tun nur die Därme
– du weißt, wie man Därme reinigt?

WILLI: Ich? – wie … woher sollte ich das wissen.

KUNO, *lakonisch*:
Macht ihr keine Hausschlachtung mehr?

WILLI: Nein, wir …

KUNO: Immer nur in der Stadt gelebt?
Ich hab das schon als Kind gelernt,
meine Eltern haben Advent ein Schwein geschlachtet
und vier Wochen später meine Großeltern eins
– und 's jedesmal hab ich geholfen.
Erst mal fährst du – feste zupacken! –
mit der rechten Hand die Därme lang,
in der Linken hältst du die fest:
denn flutschst schon die meiste Scheiße raus;
und denn reinigst du sie,
bevor daß die Wurscht reingemacht wird,
unterm Wasserhahn – da hinten!
Er wies mit dem Kopf zum Hintergrund, während er mit der «Geflügelschere» den Brustkorb aufschneidet.
Denn das merk dir ein für allemal:

Därme dürfen nie ungereinigt auf die Kalte Platte.
WILLI: Immer? – ich meine ...
KUNO: Nein, wenn du die Därme
da uff de Liste hast ... sonst
– sonst kommen die mit in 'nen Sarg.
WILLI: Was auf Kalte Platte ist – nicht?
KUNO: Nein, das wird uffgehoben und erscht kremiert,
wenn's keiner mehr braucht.
Den Sarg holen die schon heute ab:
wir stoppen das Mädchen hernach hübsch aus
mit Holzwolle – da hinten is Holzwolle.
Manchmal bringen die uns hier auch Frühgeburten
– also ein Siebenmonatskind, das ist ja
noch gar keine juristische Person, verstehste:
und solche Frühgeburten, wenn du welche hier
angeschleppt kriegst und hast Platz genug
für die in so 'ner ausgenommenen Leiche:
die packste ihr dann einfach rin in den Bauch
– die kriegen ja keinen eigenen Sarg.
Der hier, der müssen wir ja heute nix
vom Rückgrat rausknipsen
– doch wenn du einem eine Strecke
Rückgrat rausgeknipst hast: dann
mußt du natürlich der Leiche
ein neues machen.
WILLI: Ein neues Rückgrat?
KUNO: Genau, ein neues ... da nimmste dir
ein Stück Besenstiel ...
da hinten stehen immer welche
du kannst die Stiele, die du brauchst,
leicht zerschneiden uff die Länge
und klemmst der Leiche einen längs,
damit daß die 'en Halt hat,
wenn sie die einsargen:
damit daß dem Bestattungsunternehmer

die Leiche nit zusammenknickt.

WILLI, *ablenkend, das Grauen würgt ihn*:
Wo kriegen Sie die denn her, die Besenstiele.

KUNO: Steh druff uff 'n Baket: Stockfabrik Britscher,
rufste selber an, wenn du siehst,
du hast nur noch drei oder fünf Stiele.
Filzstift, wo ist der – der Filzstift!

WILLI, *der beim Lesen die Lippen bewegt, auch beim Schreiben*:
Was muß ich da schreiben?

KUNO: Vorschrift: daß der Name ebenso uff Kalte Platte ist
wie die zwei Kofferschilder – zwei sind Vorschrift –,
an jeder Leiche, eins an die Füße, eins am Arm.
Am Handgelenk. Und nix auf die Kalte Platte
– nix: was du nicht vorher gewogen hast!
Er hat auf die große Laden-Waage gezeigt.
Und das Gewicht notiert.
Herr Wild hat Fräulein Klippel Haar und Kopfhaut «aufgeklappt»; das heißt: nach einem Rundumschnitt unterm Haar-Ansatz – denn die Angehörigen sollen den nicht sehen, den Schnitt –, Haar und Haut abgerissen, die «Kopfschwarte abgezogen», wie es rücksichtsvoller formuliert wird – aber so, daß die überm Nacken noch ansitzt. Das kann auf der Bühne dadurch bewerkstelligt werden, daß man dem leergräumten Kopf eines Toten Frauenhaar anklebt, also eine Perücke, und ihn dann mit Schweinehirn auffüllt, was auf Distanz dem menschlichen ebenso ähnelt wie Schweinehaut der menschlichen.
Lautes Aufheulen der elektrischen Säge; Kuno bedient sie gekonnt, so daß er sehr rasch damit fertig ist, den Schädel aufzusägen und sie wieder abstellen kann.

WILLI, *schreit*: Das ist ja eine richtige Säge!

KUNO, *während er die Schädeldecke rundum aufsägt, muß auch schreien*:
Ja, haste gedacht, ich krieg das Gehirn

mit 'n Schraubenzieher raus?

WILLI, *schreit*: Man hat mir nur gar nicht gesagt, wofür – also im Personalbüro – wofür die mich alles hier gebrauchen ...

KUNO, *mitfühlend, während er das Gehirn behutsam und dennoch klatschend auf den Nebentisch legt, von wo Willi es auf die Waage trägt*:
Ist dir schlecht? – geh da, wo die Schürzen
... da mach den Spind uff
und trink einen Schnaps und dann lenk dich ab,
geh rechts hin, wo wir uns umgezogen haben!
Da sind meine Hobby: belgische Riesenkaninchen ...
Wir haben's doch hier unten auch mit Tieren:
Mäuse, Ratten, Hunde, Kaninchen –
und durch die Karnickel, die sie hier
medizinisch zurichten,
bin ich uff meine Hobby verfallen,
die gehören mir privat,
aber ich füttere sie uff Klinikkosten.
Ich mache Preise mit denen ... vorige Tierschau
hab ich einen belgischen Riesenrammler,
der schon zweimal gepreiskrönt worden ist,
für achtzig Mark Deckgebühr, bar uff de Hand,
zum Rammeln verborgt ... den, kannst da sehen ...
wo d e r rammelt, da gibt's Hasen
so groß wie Ferkel!
Geh doch ... ich nehme auch,
bevor die Studierten kommen,
rasch einen Schnaps. So – dies Gehirn,
dreizehnhundertsiebzig Gramm, schreib's uff:
dreizehnhundertsiebzig.
Name? – den haste?
Er legt das Gehirn von der Waage auf die Kalte Platte:
Name: Gunhild Klippel, geboren –
also nur abgekürzt g - e - b, geboren,

Punkt: nur Jahr, nicht Tag und Monat:
neunzehnhundertsiebenundfünfzig.
Willi hat den Schnaps geholt, sie trinken aus der Flasche; Kuno, nachdem er gewohnheitsmäßig mit der Hand die Flaschenöffnung «gereinigt» hat:
Stell die Flasche fort.

WILLI: Wenn Sie nur erlauben, Herr Kuno, daß ich doch lieber Handschuhe anziehe.

KUNO, *lacht*:
Feiner Pinkel, hast de Brotteich
auch mit Handschuhen geknetet – meinetwegen,
nimmst womöglich auch noch Präservative
... das ist ja, wie mit 'n Handschuh in der Nase bohren!

WILLI *nimmt, was Kuno ihm hinreicht, hat inzwischen Handschuhe angezogen*:
Ist das die Leber?

KUNO: Sehr richtig, das wissen Sie schon – und nun,
gleich: die Milz, alles für Kalte Platte.
Was ist – ist Ihnen was?

WILLI: Ich denke nur an die Religion, ich war lange Meßdiener! Werden – alle ausgenommen?

KUNO: ... Nur solche, die interessant gestorben sind!
Was mir zuwider ist: Hühner aus der Tiefkühltruhe.
Und Kinder auf 'm Tisch. Andererseits:
hast du erst mal Kinder uffn Tisch gehabt
bist du wenigstens die Rälljon los!

WILLI, *erschreckt*:
Wieso?

KUNO *tippt sich vor die Stirn, als wolle er «den Vogel» zeigen*:
Weil ja wohl, wer Kinner sterben läßt,
nicht nur – nicht zu Hause sein kann:
den kann's ja nicht geben, oder?

WILLI, *entsetzt*:
Und – ist denn das besser, wenn man die

– die los ist, die Religion?
KUNO: Logisch: weil du dann nicht mehr sinnierst
– denn wo kein Gott ist, hat er auch keine Schuld
an so 'ne Schweinerei: hier, tu ihr Herz
uff die Platte.

Er reicht Willi die beiden Lungen, an denen auch das Herz noch «fest» ist; da er zuvor den Brustkorb aufgeschnitten hatte – «geknackt», und tatsächlich: dabei knackt es –, so sind Lungen-Flügel und Herz, so groß die zusammen auch sind, noch «an einem Stück». Mit Scheu nimmt Willi sie entgegen.

WILLI: Ich hätte gedacht, das ist – das sind die Lungen?
KUNO: Sehr richtig ... doch was hängt an denen,
damit, daß es Luft kriegt: das Herz.
Siehste, wenn du nicht mehr sinnierst,
denn sprichst du dir: da ist nur die Krankheit
oder sind die Ärzte dran schuld,
daß die schon weg muß – und von beiden
hast du ja nie was Gutes erwartet, oder?
Heute Mensch und morgen schwarze Erde.

WILLI *hat ihm zugehört, der nur spricht, nicht schneidet: und daher hält er die tropfenden Lungen und Herz noch in den Händen; es ist sein Damaskus – es kann nicht jeder Apostel werden, nachdem er diesen Anfall von Metaphysik, der ihn ankommt wie Niesenmüssen, durchlebt hat:*
Und sind Sie ganz sicher, Herr Kuno,
daß dies Herz –
ich hab doch gelernt, das Herz
ist der Sitz der Seele!

KUNO, *ihm gut zuredend:*
Wer dir das gelernt hat,
war nie im Krieg und nie im Schlachthaus.
Guck das Herz nur für 'ne Pumpe an,
dann hörst du auf zu sinnieren.
Jetzt noch die Därme – siehste: so ...

denn stoppen wir sie schon wieder aus,
zugenäht wird sie dann mit en ziemlich dicken Bindfaden,
das heißt: Matratzen-Naht, das ist nicht so hübsch
wie 'ne Blinddarm-Narbe, aber schnell geht's.
Er hat vor einer Wasserwanne die (Schweine-)Därme gereinigt; sie dann an einem Hahn mit kaltem Wasser leergespült, gibt sie jetzt, damit der sie zur Kalten Platte trägt, Herrn Willi und deutet auf die Uhr:
Gleich neun – um neun kommt der Haase:
Maul wie 'n Major, aber Hirn wie 'n Truthahn!
Dem kannst du Patienten nicht mal tot anvertrauen.
Drüben uff Klinik war er untragbar, da haben sie ihn
mir abgegeben, hier innen Keller.
Der muß immer Tennis-Schuhe anhaben,
damit, daß man ihn für en Arzt hält,
denn unsre Ärzte hier unten, logisch,
tragen ja nicht wie oben die ein Stethoskop,
damit sie keiner mit Pflegern verwechselt.
So – der geht nicht, der schreitet: so!
Weil er nur so hoch is wie 'n Stuhl.
Kuno macht vor, wie Herr Dr. Haase «schreitet»: Nase hoch, Gesäß wackelnd, beide Handflächen, da er ja schon Handschuhe trägt, nach oben mehr balancierend als haltend ... tatsächlich wird sogleich Herr Dr. Haase genauso eintreten. Jetzt hört man laut eine sehr schwere Tür ins Schloß fallen, mit einem Ruck des Kopfes deutet Kuno zum Hintergrund:
Nun zieht er sich an, der Haase – sagt nie, niemals
guten Tag, aber das gewöhne ich ihm noch an,
bis daß ich in Rente gehe, das verspreche ich dir!
Mein Chef, also mein erster – ich hab ja hier
vier Chefs überlebt, zwei davon selber seziert
– der erste, der war noch wer, die späteren,
die konnten von mir lernen,
... also der erste,

der hat gleich for mich gesprochen: Kuno
– der hat mich geduzt, der war noch ein Herr,
von denen jetzt ließe ich mich nicht duzen,
Kuno, hat der gesprochen, merken Sie sich:
Internisten wissen alles und können nichts;
Chirurgen können alles und wissen nichts;
nur Sie und ich, wir Pathologen –
wir wissen alles und können alles,
kommen aber leider immer
vierundzwanzig Stunden zu spät ...
Wieder mit einem Ruck des Kopfes:
Kommt! Da siehste gleich,
der gehört in die Psychiatrie,
dort macht's keinen Unterschied,
ob einer Patient oder Arzt ist.
Seine Hände, die trägt der so – so:
Handflächen nach oben, wie Operationsärzte,
als ob auch bei ihm die Handschuhe steril wären,
denn er will sich selber dran erinnern,
daß er mal drei Wochen Zutritt zum OP hatte,
bevor sie ihn rausgeworfen haben
als unfähig ...
Siehste – was sage ich denn! ...

Tatsächlich ist Haase genauso eingetreten, hält genauso die Handflächen nach oben, wie Herr Wild ihn vorgemacht hat – und noch jetzt imitiert, im Hintergrund, so daß der Eingetretene das nicht sehen kann; während Haase wie angekündigt der Kalten Platte im Vordergrund zuschnellt, lautlos, da auf Tennis-Schuhen, ist Kuno ihn noch immer nachmachend zu dem Glasschrank gegangen, um ein Tablett mit Sezierbesteck, das durchaus anders aussieht als die Metzgermesser, mit denen die Gehilfen arbeiten, für den Arzt herbeizuholen.

HAASE, *schon ziemlich im Vordergrund, noch immer die beiden Handflächen aufwärts gerichtet, bis er mit seinen er-*

sten Worten sich Gunhild Klippels Kalter Platte zuwendet:
Nun, sind wir so weit?
KUNO, *eisig:*
Morgen, Herr Doktor.
HAASE, *die Nase über die Kalte Platte gebeugt, doch noch immer beide Handflächen aufwärts gerichtet, in Handschuhen:*
Morn, Morn – wo bleibt mein Besteck?
Er geht um die Kalte Platte herum, Kuno kommt mit aufreizender Gemächlichkeit, das Tablett tragend, näher und stellt vor –
KUNO: Da ist nun heute mein Nachfolger eingestellt,
Herr Dr. Haase, mit zwei A geschrieben
– Herr Ratzinger oder der Herr Willi.
HAASE, *irritiert, gehemmt:*
Ah – aha, guten Tag. Tag. Wie war ...
was haben Sie bisher gemacht?
WILLI: Guten Tag. Ich bin von Beruf Feinbäcker,
auch mit Konditterlehre ... ich war in der Keksfabrik,
aber die haben mich rausrationalisiert wejen
Automatisierung der Backstraße.
HAASE, *schon desinteressiert:*
Hier kriegen Sie wenigstens keine Mehlstaublunge
und sind sicher vor Automation.
Wo sind denn die Organgewichte?
KUNO *reicht ihm ohne Eile das Blatt, das neben der Waage lag, und sagt souverän:*
Schon da, schon da ... nur der Inhalt
der Meßbecher noch nicht gewogen.
Willi – so: nun fassen Sie an ... den Wagen!
Die wird nun nicht mehr gebraucht, wir fahren
die ab ... so, diesen Tisch machen wir frei;
dort hinten machen wir sie zu.
Während sie vom Tisch Gunhild Klippel auf den Wagen legen und dann dem Hintergrund zufahren, wo sie die

Matratzen-Naht machen, nachdem sie die Leiche ausgestopft haben – was alles deutlich zu sehen ist –, hat vorn am Seziertisch Dr. Haase seine Arbeit begonnen. Er steht am Kopfende des nunmehr leeren Tisches und nimmt von der Kalten Platte die – so der medizinische Ausdruck –, Demonstrationsobjekte und präpariert sie. Das Kopfende dieses Tisches ist erhöht wie ein Pult, der Demonstration wegen. Er schneidet zuerst die beiden Lungenflügel auf, an denen noch immer das Herz hängt.

Indessen hat im Hintergrund Herr Wild eine riesige Nadel genommen, in die er einen Bindfaden einfädelt. Er erläutert seinem Schüler:

Siehste, eine ganz gewöhnliche Nähnadel, nur
in zwanzigfacher Vergrößerung ... und am Zwirn,
so dicke ist der, da könnte sich einer uffhängen.
Denn du mußt bedenken, meistens ist ja
Kalte Platte erst gegen Abend; und manchmal
ordnen sie an, daß erst, wenn alle da sind,
die Obduktion gemacht werden darf –
denn kann's passieren, daß du im Affentempo
ausstoppen und zunähen mußt, weil die ...
vom Beerdigungsinstitut schon warten.

HAASE, *indigniert – nicht gewöhnt, daß Herr Wild redet; leidend arrogant*:

Herr Kuno ... entschuldigen Sie: ich muß mich
hier konzentrieren.

KUNO, *mit einem Blick auf Willi, der besagen soll: «Sag ich doch: blöd ist er»*:

Jajaja: ich muß en ja nun anlernen!

KATIA *kommt hastig herein – alle Ärzte tragen Kittel, im Gegensatz zu den zwei Anatomie-Gehilfen, die kurzärmelige Hemden tragen –, und sagt zu allen*:

Guten Morgen.

KUNO, *der sie nicht kennt, jedenfalls nicht ihren Namen; auch sich weiter nicht ablenken läßt*:

Guten Morgen.
KATIA, *noch bevor der vertiefte Haase aufblickt, nahe bei ihm – gespannt, als könne sie schon etwas sehen, was sie betrifft*:
Tag, Günter, du bist Vater geworden,
gratuliere, hab's erst gestern gehört!
HAASE: Ach, schon da – Katia: danke, eine Tochter,
meine Frau kommt morgen schon nach Hause,
ruf sie doch mal an, sie freut sich!
KATIA: Mach ich, ich rufe sie an ... darf ich das lesen?
Sie hat, Brille aus der Kitteltasche ziehend, das Blatt genommen, auf dem Herr Wild und jetzt Dr. Haase ihre Eintragungen gemacht haben; es wird deutlich, wie sie sich so hinstellt, daß sie nichts – außer der Kalten Platte – von Gunhild Klippel sieht:
Hat dir die Staatsanwaltschaft wenigstens eine Kopie
des Krankenblatts gegeben, das sie
bei uns beschlagnahmt hat?
HAASE: Hat sie nicht, natürlich nicht. Das Gericht
will ja nicht, daß ich hier nur das finde,
was ihr da oben eingetragen habt.
KATIA: Kannst dir vorstellen, wie mir heut zumute ist.
Verdanken wir alles diesem Kaff,
dieser widerlichen Gerüchteküche.
HAASE: Viel Lärm – ich sage nicht: um nichts.
Aber viel Lärm und keine Folgen, für dich!
KATIA, *lenkt von sich ab*:
Geht mir ja nicht nur um mich:
doch alles ist nun diskreditiert,
alles, was wir zur Schocklunge herausfanden.
HAASE: Unsinn: bei wem schon – diskreditiert?
Während er weiter präpariert und notiert, sagt er ein so allgemeines Beruhigungswort, weil er ein konkretes hier nicht sagen kann:
Wenn Kunstfehler künftig definiert werden

als Verstöße gegen anerkannte Regeln
ärztlicher Kunst – könnte man sie ebenso
definieren als Verstöße gegen das Verbot,
neue Wege zu suchen.
Ein solches Verbot wäre absurd,
da bekanntlich auf -zig Irrwege
– höchstens – e i n hilfreicher kommt.
Rumquatschen im Städtchen allein
kann euch aber die Staatsanwaltschaft ...
Er sprach leiser, nachdem er zum Hintergrund hingeschaut hat, um «abzusichern»; wie die meisten Vorgesetzten hat er die Illusion, seine «Leute» seien so dumm und uninformiert, wie er möchte, daß sie seien:
nicht auf den Hals gebracht haben.

KATIA, *nun ebenso zum Hintergrund hinschauend, wo fleißig und zügig genäht wird; leiser*:
Wenn du mich fragst: die Erna Saamel,
weil sie bei meinem Chef nichts werden konnte.
Sie hat's privat versucht,
als es beruflich nicht ging.
Sie ist die Denunziantin.

HAASE: Warum seid ihr aber auch ausgerechnet da ...
an dieses Mädchen geraten?
Er deutet auf die nun schon weitgehend wieder zugenähte Gunhild Klippel.

KATIA, *aufgebracht, aber leise*:
Frag meinen Chef, der kommt ja gleich.
Hat keiner geahnt, daß ihr Freund
Jurist ist und Mediziner in seiner Clique hat.
Ganz besonders schlimm für mich,
daß ausgerechnet heute als Gutachter
– eine F r a u kommt!

HAASE, *verständnislos*:
Ist das nicht schnuppe, ob Männchen
– oder Weibchen?

KATIA, *lacht bitter:*
Weißt du wirklich nicht, wie hart
Frauen über Frauen urteilen?
Schon weil ich zehn Jahre jünger bin,
ist die doch gegen mich.
Was hast du denn herausgefunden, Günter?

HAASE, *sein Gesicht verschließt sich «amtlich» und er weicht aus; er ruft:*
Herr Wild, bitte – wollen Sie jetzt einmal
alle Demonstrationsobjekte aus dem Container
von Fall sechs hier auslegen?

KUNO, *der wieder so aufreizend langsam herbeikommt, wie er es blödsinnig findet, tun zu sollen, was sein Gebieter mit drei, vier Handgriffen selber tun könnte, da ja der Gemüsekorb aus Kunststoff, in dem die Innereien von Gunhild Klippel liegen, direkt neben Haase steht; zu dem paßt es, daß er vornehm Container nennt, was einfach ein Kunststoffbehälter ist, wie er in jedem Selbstbedienungsladen herumsteht:*
Jawohl, Herr Doktor ... bitte: Container Fall sechs.
Liest noch einmal das von Willi angebrachte und beschriftete Schild, sagt dann «vorschriftsmäßig»:
Gunhild Klippel, Alter zweiundzwanzig Jahre.
Nun legt er deren «Inhalt» auf den Seziertisch, dann zieht er sich zurück zu dem zugenähten Mädchen, das dort hinten wieder auf den Wagen geladen und alsbald in den Kühlschrank abgefahren wird ... wobei Willi hilft.
Jetzt erst und zögernd sagt

HAASE *zu Katia:*
Kannst dir denken, die Hauptveränderungen
sind an der rechten Lunge, die ihr wirklich
... besser zufriedengelassen hättet.
Aber ihr Gehirn – das wird euch raushauen ...
Er schweigt, weil man wieder die schwere Außentür aufgehen und ins Schloß fallen hörte; rasch treten ein: Katias

Chef, Direktor Dr. Riemenschild, der die Schwingtür, die den Obduktionsraum mit dem Vorraum verbindet, für die Gerichtsmedizinerin Dr. med. Anneliese Planner aufhält, eine resolut «einschreitende» – wo die geht, da «schreitet sie ein» – Fünfzigerin, die ihren Posten erhielt, als ruchbar wurde, daß ihr Amtsvorgänger einen Chauffeur lebenslänglich als «Mörder» ins Zuchthaus gebracht hatte, ohne dessen angebliches Opfer, eine erwürgte Frau, selber gesehen zu haben: er hatte nur Fotos der «Erwürgten» betrachtet, die – wie sich nach sechzehn Jahren Haft des Unschuldigen herausstellte – keinesfalls erwürgt worden war …

Der Ärztin folgt – und Riemenschild hält auch ihm, der jünger ist, die Tür noch auf – der Staatsanwalt, ein Mann, der redet, als habe er eine Hasenscharte, doch hat er keine. Er ist ein verhemmter Mensch, daher ungeeignet als Anwalt, obgleich er von Natur lieber verteidigt als anklagt. Er hat ziemlich langes Haar, was in seinem Beruf so ungewöhnlich ist, daß es darauf schließen läßt, er unterdrückte noch nicht alle Regungen seiner – zehn Jahre zurückliegenden – Studentenzeit. Er heißt Dr. Bitterim und klagt bei jeder Gelegenheit seinen Vater – der seit Jahren tot ist – der Härte an, ihn ins verhaßte Jura-Studium hineingezwungen zu haben, obgleich er doch viel lieber Geiger geworden wäre; natürlich wäre er nie Geiger geworden, weil er viel zu ängstlich ist, einen «soliden» gegen einen künstlerischen Beruf zu tauschen … Seine Ängstlichkeit, die sich in seiner leisen, schleppenden Stimme schon ausspricht, ist es übrigens auch, die ihn meist – nicht immer – davor zurückschrecken läßt, hohe Strafen zu beantragen; doch wie alle Angstvollen kommt ihn zuweilen das Bedürfnis an, sich zu beweisen, daß er nur Gott fürchtet und sonst nichts auf der Welt – und dann demonstriert er sich selber die Fähigkeit, auch «hart durchgreifen» zu können. Und in diesen – seltenen – Fällen wird er dann gefährlich ohne Maß für Angeklagte ... Er ist schmal, blaß und schaut sich unruhig in diesem ihm zwar bekannten, aber durchaus nicht vertrauten Obduktionsraum um.

PLANNER *gibt Katia die Hand*:
Tag, Frau Kollegin.

KATIA, *befangen*:
Guten Tag.

RIEMENSCHILD: Herr Oberstaatsanwalt Dr. Bitterim –
Herrn Dr. Haase kennen Sie –
Frau Dr. Michelsberg ...

KATIA *gibt dem Staatsanwalt die Hand*:
Tag, Herr Doktor.

BITTERIM: Tag, Frau Doktor.

RIEMENSCHILD, *winkt aus dem Hintergrund Werner herbei, der ein wenig verspätet eingetreten ist*:
Herr Dr. Michelsberg, den wir hinzugebeten haben,
weil er unseren ... heutigen tragischen Fall
zuerst nach dem Sturz mit dem Pferd behandelte.

WERNER, *nach allen Seiten; er trägt als einziger neben Bitterim keinen weißen Kittel*:
Morgen, guten Morgen: nein, nicht behandelte,
ich wurde zum Reitplatz geholt
und habe nur die Einweisung veranlaßt.

BITTERIM, *hellhörig*:
Sie sind – hab ich recht verstanden:
miteinander verheiratet.

KATIA, *lächelnd*:
Das ist lange her, daß wir's waren.

RIEMENSCHILD: Herr Haase:
brauchen wir Ihre beiden Famuli?

HAASE *zum Hintergrund*:
Herr Wild und ... ich denke, Sie könnten jetzt
frühstücken gehen, danke.

KUNO, *mit chefiger Strenge; dann geht er – sichtlich tief gekränkt – mit Herrn Ratzinger ab*:

Erst füttern wir die Tiere, dann uns. Komm!

RIEMENSCHILD: Frau Michelsberg,
bitte wollen Sie jetzt den klinischen Teil
dieses tragischen Falls präsentieren!

PLANNER, *mit einem Päckchen Zigaretten, spricht Haase an*:
Darf man, Herr Kollege?

HAASE, *resigniert, es macht ihn sympathisch für einen Moment; er zeigt auf die Leichenkühlschränke*:
Wem sollte das hier unten noch schaden?

BITTERIM *zu Katia; er spricht behutsam, als müsse er ihr schon die Verhaftung ankündigen*:
Auch ich habe noch eine Frage, Frau Doktor,
das heißt, ich habe natürlich viele Fragen.
Würden Sie gestatten, daß ich schon
– während Sie vortragen – Frau Dr. Planner
um Dolmetscherdienste bitte ... ich verstehe sonst
rein gar nichts, da ich als Jurist ...

KATIA, *rasch*:
Aber selbstverständlich,
Herr Oberstaatsanwalt.

BITTERIM: Danke, wir stellen uns auch ganz, nicht wahr,
Frau Planner, in den Hintergrund, um nicht zu stören.
Frau Dr. Planner geht mit Bitterim ganz in den Vordergrund der Bühne, während die anderen sich links und rechts des Seziertisches postieren und Katia mit einer der langen Demonstrationspinzetten in der Hand, wie sie in der Pathologie benutzt werden, vorzutragen beginnt; sie braucht die Pinzette nicht, legt sie daher bald weg – doch wird ihre Nervosität dadurch deutlich, daß sie bald aus der Kitteltasche ihre Brille zieht und damit hantiert, ohne sie zu benutzen; sie steht jetzt am Kopfende des Seziertisches, am Platz, den bisher Dr. Haase einnahm.

KATIA, *spricht ziemlich schnell, aus Unbehagen; es muß nicht alles verstanden werden im Detail, da der Fall im ganzen klar wird*:

Sie haben soeben schon gehört, daß unsere zweiundzwanzigjährige Patientin vor sechs dies vom Reitplatz eingeliefert wurde, wo sie durch einen Sturz vom ... mit dem Pferd, beide stürzten, ein schweres gedecktes Schädel-, Hirn- und stumpfes Thoraxtrauma erlitten hatte ...

Sie blickt kurz auf, unterbrechend, um zu hören, ob Bitterim von Frau Planner eine Erklärung abwartet. Doch da Bitterim mit der Hand abwinkt, als wolle er sagen: weiter, verstanden –

fährt sie fort:

... Thoraxtrauma mit Hämatopneumothorax links bei Rippenserienfrakturen, ebenfalls Klavikula-Fraktur ...

Bitterim sieht die Gerichtsmedizinerin so an, daß die übersetzt:

PLANNER: Klavikula ist Schlüsselbein, Schlüsselbeinbruch, links.

KATIA: ... und ausgedehnte Lungenkontusion.

PLANNER: Kontusion ist Prellung.

BITTERIM: Danke, verstanden.

KATIA: Die komatische, schockige Patientin mußte sofort nach Spitaleintritt künstlich volumenkontrolliert beatmet werden.

Der Hämatopneumothorax wurde in üblicher Weise drainiert ...

PLANNER, *lächelnd zu dem hilfesuchend auf sie blickenden Bitterim*:

Drainiert – mit D geschrieben, Drainage, also:
abgesaugt wurden die durch den Sturz in den
Brustfellraum eingeströmte Luft und das Blut.

BITTERIM: Danke – bitte, keine Störung!

KATIA: Wir haben ja keine Eile. Vielleicht darf ich Ihnen verdeutlichen, daß durch die Rippen, die der Sturz gebrochen hat, das Brustfell, das die Lunge als Schutzmantel umgibt, zerlöchert wurde – dadurch also drang die Luft in den Pleuraraum ein.

Bitterim, *mit einer Handbewegung zu Katia, sie solle fortfahren*:
Danke.

Katia: Schocktherapie mittels Protein-Plasma-Lösung sowie Vollblut und Antibiotika. Nach sechsunddreißig Stunden Respiratorbehandlung trotz sechzigprozentiger Sauerstoffüberdruckbeatmung nur noch Sauerstoff-Partial-Druck an der unteren Normgrenze. Auf dem Röntgenbild der Lunge dichte, schleierartige Verschattungen der gesamten Lunge, Schocklunge Stadium 2 nach Otendorf, sowie links im Oberlappen.

Riemenschild *zu Bitterim; jovial, dröhnend fast, um «aufzulockern», ein Versuch, nicht nur zu verdeutlichen, sondern auch zu beeinflussen*:
Frau Planner und Herr Haase, Herr Oberstaatsanwalt,
werden das gleich für Sie zusammenfassen ... ich darf
verdeutlichen: immerhin sind diesem Mädchen hier
mit dem stürzenden Pferd zwölf Zentner
auf die Brust gefallen – draufgekracht,
im Sprungtempo.

Bitterim, *süffisant*:
Doch daran ist sie ja offenbar nicht
gestorben.

Riemenschild *ebenso*:
Ich wollte hier keineswegs
unterbrechen, bitte, Frau Michelsberg!

Katia: Am dritten Tag Fieber, wahrscheinlich pulmonaler Genese bis 39°.
In diesem Bereich wurde unter Durchleuchtungskontrolle
eine Lungenbiopsie durchgeführt.

Planner *zu Bitterim*:
Biopsie? – Sie wissen.

Bitterim: Gewebsentnahme an der Lunge – der gesunden?

Katia, *korrigiert*:
Nicht der gesunden, sondern auch schockigen, aber un-

verletzten. Die Biopsie führte zu einer Exazerbation …

PLANNER *zu Bitterim*:
Verschlimmerung.

KATIA: – der Ateminsuffizienz; radiologisch jetzt auch Pneumothorax rechts …

PLANNER – *sehr forsch und anklagend, nicht nur zu Bitterim, weil dies der springende Punkt ist, der Grund ihres Hierseins*:
Rechts: das heißt also auf der bisher allein noch funktionsfähigen Lunge,
von deren Funktion allein – das Leben des Mädchens
noch abhing.

RIEMENSCHILD: Wir müssen, bei allem Respekt, Frau Kollega, erst über den Hirnbefund Herrn Haase
konsultieren, ehe wir –

PLANNER: Verzeihung, ich wollte nicht vorgreifen.

RIEMENSCHILD, *die Atmosphäre ist jetzt elektrisch*:
Also bitte weiter, Frau Michelsberg!

KATIA: Also es entstand nunmehr auch rechts der Pneumothorax mit Mediastinalverschiebung nach links, Spannungspneu.

PLANNER, *da Bitterim sie ansieht:*
Mediastinum ist, was zwischen den Lungen steht.

KATIA, *sie verändert ihren Ton, macht keinen Hehl aus ihrer Resignation*:
Trotz intensivster Bemühungen – Drainage rechts – und
nach Auftreten von Arrhythmien: Exitus letalis.

PLANNER, *mit dem Gewicht eines letzten Wortes*:
Herzstillstand.
Nach Arrhythmie: Herzrhythmusstörung.

KATIA, *wieder forsch, ihre Entschuldigung*:
Daneben lag auch eine schwere Contusio cerebri vor.
Echo mittelständig.

PLANNER: Contusio cerebri ist Hirnprellung.
Zu Haase:

Da liegt aber ein exakter Befund noch nicht vor,
Herr Kollege?

HAASE: Nein, da müssen wir die Resultate aus der
Histologie abwarten, in zwei Tagen.

PLANNER *zu Katia*:
Entschuldigen Sie, Frau Michelsberg.

KATIA: Oh, bitte. Ich fasse zusammen, klinische Diagnosen: Hämatopneumothorax bei Rippenserienfrakturen links sowie ausgedehnter Lungenkontusion, vermutlich mit Kontusions-Pneumonie. Zweitens: Iatrogener Pneumothorax rechts, drittens Verdacht auf Contusio cerebri.

BITTERIM, *wie Katia zurücktritt, an die Seite, um den Dozentenplatz am Kopfende des Tisches einem anderen abzutreten*:
Ich danke, Frau Doktor –
nur sagen Sie, was heißt: iatrogen?

KATIA, *kleinlaut, muß aber lächeln, vor allem aus Nervosität*:
Iatrogen heißt – ich muß hier ... heute sagen: l e i d e r,
durch ärztliche Einwirkung entstanden!

BITTERIM, *und das ist schon seine Klageerhebung*:
Der Pneumothorax rechts – durch ärztliche Einwirkung?

PLANNER, *hart, unduldsam*:
Und ohne jeglichen absehbaren Nutzen
oder gar Vorteil für den Patienten. Ja.

RIMENSCHILD, *um ein peinlich lang werdendes Schweigen abzubrechen*:
Herr Haase – wollen jetzt bitte Sie vortragen?
Danke.

HAASE *nimmt beide Lungen, die noch an der Luftröhre hängen und legt dieses Präparat auf die Holzplatte, die am Ende des Seziertisches auf dem erhöhten (ebenfalls gekachelten oder marmorierten) Pult eingelassen ist. Er hat in der Hand eine lange Pinzette, mit der er erläutert*:
Erwartungsgemäß sind die Hauptveränderungen an den

Lungen zu finden. Bei der Eröffnung des Thorax unter Wasser entleerte sich links sehr wenig – rechts ziemlich massiv Luft. Es bestand also links ein geringgradiger, rechts ein ausgedehnter Pneumothorax, wahrscheinlich Spannungspneu. Außerdem konnten aus dem rechten Pleuraraum tausendzweihundert Milliliter hämorrhagische Flüssigkeit geborgen werden. Es handelt sich also um einen Hämatopneumothorax, als dessen Ursache diese, mit spitzem Gegenstand gesetzte frische Verletzung der Thoraxwand einschließlich beider Pleurablätter und der Lunge von circa fünf Zentimeter Tiefe angesehen werden muß. Dort findet sich ein circa kleinfingerkuppengroßer Gewebsdefekt wie nach Zangenbiopsie. Wie Sie sehen, sind beide Lungen tief blaurot und die Konsistenz ist hundeohrähnlich vermehrt. Die linke Lunge wiegt tausenddreihundertsieben Gramm.

PLANNER *zu Bitterim*:
Normal wäre zweihundertvierunddreißig Gramm.

HAASE: Die rechte achthundertvierundfünfzig. Es liegt ein ausgeprägtes intraalvaeolares sowie wahrscheinlich auch interstitielles Lungenödem vor. In der linken Lunge sind auch einige parenchymatöse Blutungen sichtbar. Pneumonische Infiltrate kann ich nicht mit Sicherheit feststellen. Die mikroskopische Untersuchung wird uns darüber Aufschluß geben.
Er zeigt auf die rechte Lunge:
Hier erkennen Sie noch deutlich die Lungenwunde nach der Gewebsentnahme.
Kurze Pause:
Insgesamt sind die vorliegenden Veränderungen mit der Diagnose «Schocklunge» gut vereinbar.
Mit diesen Worten nimmt er das Lungenpräparat und legt es in den «Gemüsekorb» zurück. Er nimmt das Hirn, das noch nicht in Scheiben geschnitten ist, und zeigt auf punktförmige Blutungen:

Und nun zum Gehirn:
Hier sehen Sie das Bild der Contusio cerebri mit Coup- und Contercoup-Läsionen. Über eventuelle intrazerebrale Veränderungen werden wir erst nach Aufarbeitung des Hirns uns definitiv äußern können.

PLANNER *zu Bitterim*:
Läsionen – Sie verstehen, Herr Oberstaatsanwalt?

BITTERIM, *lächelnd*:
Verletzungen, gibt es auch als juristischen Begriff,
danke: Laesio enormis ... fester Begriff.

RIEMENSCHILD, *nimmt das auf, um einen leichteren Ton zu ihm zu finden*:
Das wird zweifellos in der Histologie noch herausgefunden, die – wie Sie sagten: Laesio enormis.

PLANNER, *spitz*:
Was jetzt nachträglich Ihnen, Herr Direktor,
nur zu wünschen wäre
und Ihnen, Frau Michelsberg: daß nicht Ihre Biopsie
– sondern die Contusio cerebri die Todesursache ist.

RIEMENSCHILD, *heftig*:
Aber ich bitte Sie, Frau Planner: vergessen Sie denn, daß noch immer – ob wir da nun biopsiert haben oder nicht –, die Letalität der Schocklunge bei über fünfzig Prozent liegt.

PLANNER – *und nun sanfte Worte für ein böses Urteil*:
Um so schlimmer, unter dieser Voraussetzung einen streng kontraindizierten Eingriff vorzunehmen.
Denn wenn ich Sie richtig verstanden habe, Herr Kollege Haase, ist als unmittelbare Todesursache bei der jungen Frau, welche zwar schwer, aber nicht infaust verletzt war, der iatrogene Spannungspneumothorax rechts bei weitgehend für die Atmung ausgefallener linker Lunge anzusehen?

BITTERIM: Können Sie mir das – sicherheitshalber,
ich bin Laie – ohne Fremdworte verdeutlichen, bitte?

PLANNER: Ich mache Ihnen eine Zeichnung.

Haase reicht ihr die Kreide, nachdem Planner noch sagte:

Sie würden das ja zweifellos viel besser zeichnen als ich, Herr Kollege Haase, aber wenn ich das versuche: wird gleich deutlich, ob ich alles mitbekommen habe, darf ich?

Dieses kokette: «Darf ich?» war rein rethorisch; sie ist schon gewandt und entschlossen an der Arbeit; die Wandtafel, auf die sie zeichnet, hat sie aufgeklappt.

Sie erläutert:

Hier sehen Sie die zwei Lungenflügel noch an den Atemwegen hängen. Hier wäre das Herz. Drumherum ist noch der Brustkorb mit Muskulatur und Rippen zu denken. Nun, die Lunge wird vom Brustfell überzogen. Auch der Brustkorb ist innen ausgekleidet. Diese beiden Häute hängen durch die gleiche Kraft zusammen, die zwei feuchte Glasscheiben so aneinanderklebt, daß wir sie kaum auseinanderkriegen. In diesem Zwischenbrustfellraum befindet sich normalerweise ganz wenig Flüssigkeit. Dringt nun in diesen Raum Luft ein, wie hier beim Sturz, der durch eine gebrochene oder mehrere gebrochene Rippen ein Leck erzeugte, so zieht sich die Lunge zusammen und fällt zusammen wie ein angestochener Ballon. Eine solche Lunge fällt damit praktisch für die Atmung aus. Das heißt: der Patient ist voll angewiesen auf die Funktionsfähigkeit seiner anderen, noch unbeschädigten Lunge ...

Ihr Ton ändert sich, nicht mehr dozentenhaft, sondern anklägerisch:

... die, wie sich nun soeben leider herausgestellt hat, tatsächlich durch eine Biopsie außer Funktion gesetzt wurde. Eine Biopsie, die zu rein wissenschaftlichen Zwecken erfolgt ist, obgleich den behandelnden Kollegen klargewesen sein muß, daß dieser für den Patienten tödliche Eingriff – auch dann, wenn er nicht zu seinem Tode führ-

te, für den Patienten selber überhaupt keinen Nutzen gehabt hätte. Es tut mir leid, das so definitiv aussprechen zu müssen!
Sie hat schon während ihrer letzten Worte die Kreide weggelegt.

RIEMENSCHILD *jetzt offensiv, da Frau Planners Gutachten nun doch zweifellos zur Anklage-Erhebung führt*:
Ich darf mein Erstaunen darüber aussprechen
– und konsultieren Sie doch deswegen bitte endlich
auch Herrn Michelsberg, der die Reiterin am Unglücksort
aufgefunden hat, daß Sie, Frau Planner, mit keiner Silbe
den Hirnbefund erwähnen.
Der läßt doch keinen Zweifel, daß die Patientin
aufs schwerste hirngeschädigt geblieben wäre!
– gesetzt den sehr unwahrscheinlichen Fall:
sie hätte überlebt.

PLANNER, *und mit diesen Worten ist der Krieg da*:
Wenn Sie mir vorhalten, mit keiner Silbe
den Hirnbefund erwähnt zu haben:
warum haben Sie, Frau Michelsberg, Herr Riemenschild,
im Krankenblatt mit keiner Silbe erwähnt,
daß Sie die Biopsie vorgenommen haben?
Ich überlasse dem Herrn Oberstaatsanwalt, die ... die
Benennung dieser ... dieser Ihrer Vergeßlichkeit.
Nach meiner laienhaften – juristisch laienhaften –
Auffassung kann auch eine Auslassung
als Fälschung bezeichnet werden.

KATIA, *sehr heftig*:
Fälschung – Sie sagten Fälschung?
Das Krankenblatt wurde auf Grund einer Denunziation,
vermute ich, von der Staatsanwaltschaft beschlagnahmt,
kaum daß ich den Tod der Reiterin festgestellt hatte
– und ich darf sagen: ich hatte Drängenderes zu tun,
wie ich da um das Leben dieses Mädchens kämpfte,
als Papiere – Papiere haben Zeit – auszufüllen;

ich bediente, in der Hoffnung, ich könne sie retten,
den Sauerstoffapparat.

PLANNER: Entschuldigen Sie das Wort,
von dem nichts abhängt.
Aber Sie haben die Biopsie nicht in der Todesstunde
– sondern Tage vorher durchgeführt.
Da war Zeit genug, sie einzutragen.
Papiere haben Zeit, gewiß.
Aber was sonst ist übriggeblieben von dem Mädchen
als sein Krankenblatt. Und da sollte das doch
die Wahrheit sagen.
Auf – leider muß ich so sagen:
Auf Wiedersehen.
Denn wo sonst: wenn nicht vor Gericht
– werden wir uns wiedersehen.
Sie geht so energisch ab, wie sie «einschritt».
Schweigen.
Die Kollegin ist so rasch abgegangen, um zu verhindern, daß kollegialer small talk noch zur Aufweichung der jetzt – ihr so erfreulich – klaren Fronten führt. Das sagt unverblümt

RIEMENSCHILD, *wobei er versucht, sogar den Juristen «anzucerclen»*:
Die Frau Kollegin von der Gerichtsmedizin
hat es eilig!
– als wolle sie verhindern,
daß hier noch ein Aspekt auftaucht, der ...

WERNER *unterbricht gekränkt und süffisant*:
Es lag ihr nichts daran ... entschuldigen Sie!

RIEMENSCHILD: Nein, bitte, bitte, Herr Kollege.

WERNER: Es lag ihr nichts daran, mit dem Arzt,
der immerhin die Reiterin vom Reitplatz auflas,
nur eine Silbe zu wechseln.

BITTERIM: Selbstverständlich, Herr Doktor, wird Ihre Aussage bei Gericht hoch bewertet werden. Denn ...

Er sieht nun mitfühlend Katia an, die ihm offensichtlich als Frau Eindruck macht:
es tut mir leid, ankündigen zu müssen,
daß ich nach diesem so eindeutigen
Befund der Gerichtsmedizin ...
Er blickt auf Haase:
– ja und auch des Herrn Pathologen:
gezwungen bin, Anklage gegen Sie zu erheben,
Frau Dr. Michelsberg,
zumal die Angehörigen das beantragen.
Katia, Schulterzucken, kann nicht reden, sieht hilfsbedürftig auf Riemenschild, der wegsieht, an seiner statt hilft Werner:

WERNER, *der heftiger, als man es ihm bisher überhaupt zutraute, gegen Bitterim loszieht:*
Wieso – wieso gegen meine Frau ... meine geschiedene Frau, Herr Oberstaatsanwalt:
hat sie nicht weisungsgebunden
– nicht auf Ihre Weisung, Herr Riemenschild –,
diese Biopsie vorgenommen?
Ich sage das nicht, weil Ihre Angeklagte,
Herr Dr. Bitterim, den gleichen Namen trägt wie ich
– sondern weil ich einfach nicht begreife, wieso hier
eine Untergebene an Stelle ihres Chefs auf die ...
auf die Anklagebank ... obwohl ich grundsätzlich
den Prozeß durchaus – ja: durchaus begrüße.
Da er nämlich nach meiner festen Zuversicht
meine Frau völlig entlasten wird.
Und weil er klären muß,
ob überhaupt die medizinische Forschung
noch neue Wege suchen darf ...

BITTERIM, *ironisch:*
Da greifen Sie zu hoch,
Herr Michelsberg:
der Prozeß hat ein weitaus bescheideneres Ziel

– nur einfach die Klärung der Frage,
ob konkret dieser Eingriff strafrechtlich
als Körperverletzung mit Todesfolge zu bewerten ist.

KATIA, *auflachend, sehr bitter*:
«Körperverletzung» – durch meinen Eingriff?
Hätten Sie die Reiterin gesehen,
als die eingeliefert wurde ...

BITTERIM, *nicht mehr ironisch*:
Daß der Anspruch der Wissenschaft hinter dem
Lebensinteresse des einzelnen Patienten
zurückzustehen hat: ist zwar eine Banalität –
offensichtlich jedoch ...
eine hier bewußt übergangene!
Ich weiß, Ärzte tun sich schwer mit diesem Begriff
– aber immerhin hat doch eben die Gutachterin
glaubhaft gemacht, daß durch Ihre Manipulation,
Frau Michelsberg, a – eins: der Patientin
überhaupt nicht geholfen werden sollte,
sondern nur Ihren medizinischen Studien;
und a – zwei: das Leben dieser Patientin
vernichtet wurde ...

RIEMENSCHILD: Das, Herr Oberstaatsanwalt,
ist gänzlich ungeklärt: Wir müssen zunächst –

BITTERIM: Entschuldigen Sie, wir können nicht,
wir dürfen nicht einmal
den Prozeß jetzt hier vorwegnehmen ... ich meinte nur
Herrn Michelsberg, der ja unmittelbar nicht betroffen ist,
antworten zu sollen auf seine ... Vermutung:
ich zielte darauf ab, der Medizin – wie käme ich dazu –
neue Wege zu verwehren!

WERNER, *sich verneigend*:
Meine Sprechstunde wartet ... Katia, leb wohl.

KATIA, *und dann geht sie auf ihn zu und bringt ihn, offensichtlich ihm etwas sagend, was die anderen nicht hören sollen, zur äußeren, nicht sichtbaren Tür*:

Dank dir, Werner, daß du dazukamst ...
sag doch bitte ...
Während die beiden abgehen, sagt

BITTERIM *zu Haase*:
Ich muß – so ist das usus –
darauf hinweisen, daß jene Präparate,
die für den Fall relevant sind
– nicht beigesetzt oder kremiert werden dürfen.

HAASE, *nickt*: Das ist selbstverständlich, Herr Bitterim.

BITTERIM *hat sich distanziert Richtung Riemenschild verneigt, sagt zu allen, da als Ankläger «Auf Wiedersehen» zu sagen, taktlos wäre*:
Also, ich danke Ihnen – guten Tag, guten Tag ...
Eine Taxe bekomme ich durch den Pförtner?

WERNER, *mit Katia an der Tür, hört das gerade noch im Abgehen*:
Haben Sie keinen Wagen, ich setze Sie ab
beim Gericht – oder wo Sie sonst in der Stadt ...

BITTERIM: Danke, wird gern akzeptiert,
wenn sie runterfahren.
Haase beeilt sich, hier als Hausherr – seine Handschuhe hat er längst abgestreift – die beiden hinauszugeleiten, während rasch und rauchend, nachdem man die eiserne Außentür schwer zufallen hörte, Katia zurückkommt und in siedender Wut Riemenschild, der sich noch einmal in Haases Notizen vertieft hatte, «zu nahe tritt»; fast rennt sie ihn um, so nahe tritt sie an ihn heran, um nicht zu laut sprechen zu müssen –

KATIA: So, du omnipotenter Klinik-Direktor und Parteibonze und großer Feigling:
– was gedenkst du zu tun, mir zu helfen, damit ...

RIEMENSCHILD, *lacht*:
Bist du – wahnsinnig

KATIA *redet mit Lawinenschnelle, er kommt gar nicht zu Wort*:

... damit ich auch dir helfe, indem ich
den Mund halte?
Ich will ihn nur halten, wenn wir beide
auf die Anklagebank kommen – oder keiner.
Wie mies und verächtlich
wenn du als Arzt – Untergebene vorschickst.

RIEMENSCHILD, *schreit sehr laut*:
Ich habe dir nicht Weisung gegeben,
dieses Mädchen zu biopsieren. Das kann ich beeiden!

KATIA *ebenso*:
Dieses Mädchen nicht, nein – aber drei andere.
Werner läßt dir sagen ...

RIEMENSCHILD, *leiser, ironisch*:
Wußte gar nicht, daß du von dem noch
Ratschläge empfängst –

KATIA: Wenn's ernst wird und du mich im Stich läßt:
wir haben den gleichen Namen, er und ich,
den gleichen Sohn – er läßt dir sagen ...
du solltest jetzt ebenso die Hilfe
deiner Partei in Anspruch nehmen
wie dieser Münchner Klinikum-König
sich vom Bayerischen Staat aus der Scheiße
herausziehen ließ ...

RIEMENSCHILD: Bayern? – weiß nicht, wovon du redest!

KATIA, *da Riemenschild sich abgewendet hat, rapportiert sehr schnell*:
Natürlich weißt du, daß der Bayerische Staat
seinem Klinikum-Star de Witt

RIEMENSCHILD, *kalt, hart*:
Ich bin kein Star, schon gar keiner des Staates!

KATIA *ebenso*:
Oho – deine Partei, die ach so sozialen Sozialdemokraten,
gehen mit dir auf die Straße:
wenn du ihnen bürgerliche Wähler einfangen sollst,
sollen sie dir diesen Staatsanwalt vom Hals schaffen.

RIEMENSCHILD: Dein Vergleich ist absurd,
der Bayerische Staat hat für de Witt
fünfhunderttausend Mark an den Querschnittsgelähmten
unter der Bedingung ausgezahlt, daß dieser Gelähmte
künftig den Mund hält ... und als Rente!
Hier aber ginge es darum,
die Angehörigen zu überreden,
den Mund zu halten – warum sollten die schweigen:
ihr Kind ist tot!
KATIA, *zynisch*: Das Kind kleiner Leute – geh zu den Eltern,
ich gehe mit, und biete ihnen unter der Hand
ein Vermögen an, das dir Partei und Landesregierung
ebenso zuschanzen werden wie die Bayern das Geld
ihrem de Witt geschenkt haben.
RIEMENSCHILD, *leise, deutet auf die Türen*:
Liebling, begreif doch ...
KATIA: «Liebling» – ein Schwein bist du!
RIEMENSCHILD: Grade weil ich Parteimann bin,
bin ich völlig außerstande, dir zu helfen,
wenn er auch Anklage gegen mich erhebt:
diese Familien-Mafia, die uns den Fall
eingebrockt hat, das sind schwarz-konservative Leute
und werden allenfalls gegen dich,
nie aber gegen mich, den Roten, eine Klage
zurückziehen!
KATIA: Deine Listen – ins Bett hast du mich damit gekriegt,
aber nicht auch noch vor Gericht:
Ehrenwort, mein «Liebling» –
ich habe alles, alles
auf Fotokopien, seit zehn Tagen
was hier gelaufen ist an Schocklungen-Versuchen,
einschließlich deiner gesamten Korrespondenz
mit Kollegen nah und fern: Du wirst das ... das
wegdrehen von uns beiden ...
oder mit mir durch die Gazetten geschleift.

RIEMENSCHILD, *erschreckt, faßt sie an, sie entzieht sich schroff*:
Katia, laß uns –
KATIA: Faß mich nicht mehr an!
RIEMENSCHILD, *leise*:
Wo kann ich dich heut abend sprechen,
nicht telefonisch –
KATIA, *schon im Abgehen*:
Nirgends.
RIEMENSCHILD: Sehr spät –
bitte, komm doch – komm raus zum See,
zu unserem Boot!
KATIA, *lacht verächtlich-erbittert*:
Das hast du gedacht, mich ficken lassen
und weich machen – und dann brav
für Herrn Direktor vor Gericht gehen.
Du spinnst: nie mehr sehe ich dich privat.
Aber auch dienstlich:
bevor ich nach Schweden verschwinde,
ist dieser Scheiß vom Tisch,
ich will zurückkommen können,
wenn ich will.
Ich hole mir Johanson als Gutachter,
wenn nicht deine Kirche und Partei,
die dich, den «Freund» aller Regionalschau-Bonzen,
so gerne vorzeigen, den Prozeß verhindern.
Schütz mich vor Gericht – oder sieh dich vor,
feiger Schuft!
RIEMENSCHILD, *ruft*:
Katia!
Wiederholt lauter, da sie schon durch die Schwingtür ab ist:
Katia!
Dann bleibt er stehen, sehr geschlagen; eine Handbewegung zeigt seine Resignation – doch da sieht er den Patho-

logen zurückkommen, und nun erlebt man, welches Format auch als Schauspieler – oder vor allem als Schauspieler – der Direktor hat; er sagt strahlend:
Endlich, mein lieber Haase, ich hab auf Sie gewartet ...

HAASE: Entschuldigen Sie –

RIEMENSCHILD: Weil ich doch noch wegen des Hirn-Befunds ...

Vorhang

Vierter Akt

«Ein Kompromiß wurde außerhalb des Justizgebäudes gefunden. Der CSU-Abgeordnete Hans Drachsler, bei dem Bischoff während der Olympischen Spiele zu Gast war, hat sich mehrfach an Bayerns Finanzminister gewandt. Ein Prozeß braucht nun nicht mehr stattzufinden. Der Minister stimmte jetzt einem Vergleich mit dem Turner zu, der bei einer Operation an der Ferse in der Münchner Universitätsklinik unkurierbare Gehirnschäden erlitten hatte ... Bis zu seinem Tode soll nun Bischoff eine Rente in der Höhe des Ruhegehalts eines Amtsrats erhalten ...»

Abendzeitung München, 8. Mai 1973

Gleicher Grundriß wie im ersten Akt – doch die zwei miteinander verbundenen Räume Lydias sind nicht Büro und Labor, sondern ihre Suite in einem Stockholmer Grand-Hotel: weihnachtsgraues Licht läßt nur verschwommen Altstadtdächer und königliches Schloß auf dem Hügel erkennen, ein an klaren Tagen grandioser Blick. Im Salon, der wesentlich größer ist als der Schlafraum links, zwei Kopien oder Drucke aus der Nationalgalerie: Badende Schwedinnen von Anders Zorn; und ein großes Winterbild von Edvard Munch. Dazwischen Stiche, farbige, von Pflanzen, die Linné für seine botanischen Werke als Illustrationen anfertigen ließ. Im Vordergrund auf einer Kommode ein noch nicht geschmückter kleiner Weihnachtsbaum.

Lydia links vor dem Frisiertisch überdrüssig und ungeschickt mit ihrem braungefärbten, nicht mehr sehr fülligen Haar beschäftigt; die Tür zum Salon steht offen; Katia tritt von außen ein, vom Gang, in weitem Cape und Pelzmütze und Stiefeln, sehr tartarisch aussehend; sie klopft an die offene Tür zum Schlafzimmer ihrer Mutter

KATIA – *und tritt ein*:
Mama, soll ich dir was mitbringen?

LYDIA: Ja, wenn du schon zum Flughafen fährst:
dann bring . . . ach so:
du kommst ja gar nicht rein in den Duty-Free-Shop.

KATIA: Ich hole Tom nicht ab, der findet allein her
– ich wollt ihm einen Anorak kaufen!
Laß mich das machen, Mama!
Sie hat das Täschchen weggelegt, wirft das Cape ab und hat schon einen Kamm in der Hand und toupiert ihrer Mutter das Haar; man sieht, wie routinemäßig sie das tut . . .

LYDIA *hat ihr sofort geantwortet*:
Ehrlich gesagt, ich hab drauf gehofft, daß du's machst.

KATIA: Konntest mich doch rüberrufen.

Ist das hier üblich, daß Hotels
einen Weihnachtsbaum hinstellen, ich bekam auch einen.

LYDIA: Mehr als drei oder fünf Zimmer werden die ja
Weihnachten nicht belegt haben;
wird man überhaupt bedient, Weihnachten:
dann königlich.

KATIA: Wird ja alles viel zu teuer, Mama,
daß du uns eingeladen hast.

LYDIA: Wieso, meine Reise, mein Zimmer zahlt ohnehin
die Firma, und was ich esse auch
– und auch zu Hause hätte ich
nicht alle Weihnachtstage selber gekocht.
Toms Flug hat ja Werner bezahlt.

KATIA: Natürlich, weil er froh ist, Weihnachten den Jungen
abschieben zu können, damit er mit seiner
neuen Familie ungestört feiern kann.

LYDIA: Warum sagst du das: du weißt, das Gegenteil
ist wahr, Werner und Tom hängen
für deinen Geschmack viel zu sehr aneinander!
Und du bist bitter,
daß Riemenschild heimfliegt zu seiner Familie,
weil sogar die Naivität seiner Frau
nicht ausreicht, ihr weiszumachen,
unser Kongreß dauere bis über Weihnachten!

KATIA, *gekränkt*:
Du hast recht, Mama, wie immer –
sagst das aber wie immer dermaßen charmant,
daß ich dir dankbar wäre,
wenn du endlich begreifen würdest,
oder wenigstens für die Dauer der Weihnachtstage
begreifen würdest, daß dich das
– bei allem Respekt – nichts angeht!

LYDIA, *beide Frauen rauchen, Katias Zigarette liegt, während sie toupiert, meist im Aschenbecher*:
Entschuldige, Kind, es ärgert mich,

daß Riemenschild dir nachreist, während ich
dich schließlich deshalb mitnahm,
um dir Zuflucht nicht nur vor dem Gericht,
sondern vor allem vor diesem Chef zu besorgen,
der dich dermaßen kalt als Sündenbock fallenläßt.

KATIA: Mama, jeder Kliniker kam nach Stockholm
und benutzt den Kongreß, sich vom Finanzamt
Urlaub zahlen zu lassen!
Übrigens hast du wieder zu viel Lack im Haar,
es ist klebrig, so viel Haarspray
macht dir dein Haar kaputt.

LYDIA: «Mein» Haar – wie lang hab ich noch eigenes.
Das Leben ist ein Abstieg.
Reisten wir heute auch, käme ich kaum umhin,
mit Böblingers Maschine heimzufliegen ...
der Schuft ...

KATIA: Wohnte der auch hier?

LYDIA: Sicher im Flughafenhotel ... der
hat mich während der Tagung angestrahlt,
als hätte er mich nie auf den Müll geworfen!

KATIA: Und hat dir ernstlich einen Platz
in seiner Maschine angeboten?

LYDIA, *nickt, sagt amüsiert*:
Ja – und ich sagte, aber hören Sie:
keinen Platz in Ihrem Konzern, aber einen
in Ihrem Flugzeug, darauf er, sehr ironisch:
wir fänden uns doch immer alle wieder
in der gleichen großen Familie!

KATIA, *unbewußt, weil sie selber keine mehr hat*:
Familie – der! Seine hellen Augen sind so – so ohne
Boden: warmherzig wie bei Eisbären
... Telefon!

LYDIA: Das ist Johanson schon.

KATIA, *während sie zum Telefon geht, ins andere Zimmer*:
Ich dachte, der käme erst um fünf! ... ach, du.

Zu Lydia:
Werner ... nein, Tom ist noch nicht gelandet.
Wann? – dann müßte er allerdings schon hier sein,
ich rufe dich an, wenn er da ist.
Sie legt auf ohne Gruß, sagt nicht beunruhigt zu Lydia:
Werner hat schon am Flughafen telefoniert,
die Maschine ist
hier drei Uhr soundso gelandet ...
natürlich durchaus denkbar, daß unser
weltfremder Don Chaos in eine
nach Portugal eingestiegen ist!

LYDIA, *lacht*:
Oder er hat im Flughafenshop erst Geschenke
«finden» wollen und ist dabei «gefunden» worden ...

KATIA *beendet allmählich das Toupieren*:
Vielleicht treffe ich ihn, wenn ich jetzt
noch ein bißchen einkaufe ... ich freue mich
auf die Winterluft, das schlimmste an Kongressen ist,
daß man nie rauskommt.

LYDIA, *während Katia ihr Cape anziehen will – es dann doch nicht tut*:
Sei bedankt, Katia. Ist es denn klug,
daß du jetzt wegläufst, statt selber zu reden
mit Johanson?
Wenn er Fragen hat,
bist du in der Stadt unerreichbar!

KATIA: Andererseits könnte ihn irritieren, wenn wir ihn
gleich zu zweit mit diesem Wunsch überfallen;
auch gehen schließlich mich
eure Geschäfte nichts an ... schon daß er
ausdrücklich zu d i r kommen wollte,
anstatt dich in sein Institut zu bitten,
zeigt doch, daß er Indiskretionen fürchtet.
Wundert mich, daß er's riskiert,
in einem Hotelzimmer über Geld zu reden,

vielleicht sind die Zimmer verwanzt,
die Schweden sollen so barbarische
Steuergesetze haben ...

LYDIA: Von einer gewissen Höhe des Einkommens an
kann sich einer Ehrlichkeit wieder leisten.
Abgesehen davon, kriegt der sein Geld bar oder
aus Zürich, unverbucht
... sollte er seine Frau mitbringen, Kollegin übrigens,
muß ich die beiden zum Abendbrot einladen.
Wenn nicht, wie ich hoffe, treffe ich dich
und Tom hernach in der Stadt – ja, wo?

KATIA: Wir essen natürlich, wo's billiger ist
als in diesem pompösen Schuppen!
Da kommt er schon, dein Karolinska-Fritze!
Denn es hat geklopft, Katia zieht ihr Cape an; zur Tür gehend ruft

LYDIA: Herein.

BÖBLINGER *erscheint – «anheimelnd» wie Handschellen strahlend, so selbstsicher, als sei nie etwas gewesen; eleganter Anzug mit Weste, die er sich noch leisten kann, da sie ihn nicht verdickt; er lacht so oft wie möglich und laut*:
Entschuldigen die Damen Doctores:
nur zwei Minuten, denn in fünf Minuten,
Frau Kowalenko, empfangen Sie ja Johanson,
der hoffentlich zu unser aller Vorteil nächstes Jahr
endlich den Nobelpreis kriegt, der schon dreimal
haarscharf an ihm vorbeisauste ... darf ich?

LYDIA, *derart überrascht und amüsiert über Böblingers Frechheit, daß sie nicht fähig ist, verärgert zu sein; während sie redet, geht er mit den Augen Katia an wie ein Ausgehungerter saftigen Schinken in heißem Brotteig auf einem Servierwagen*:
Bitte! – ist ja schrecklich, daß die Konkurrenz weiß,
daß ich mit Johanson verhandeln werde:
hat er selber bei Ihnen geschwätzt,

Herr Böblinger?

BÖBLINGER, *triumphierend*:
Ich sagte Ihnen doch schon vorgestern –
doch Sie hörten so genau offenbar nicht hin –,
wir seien eine große Familie.

KATIA, *die ihre Pelzkappe in Form einer Kosakenmütze aufsetzte, ziemlich ostentativ*:
Ich darf gleich gehen, ich will nämlich noch
Weihnachtsgeschenke holen ...

BÖBLINGER, *zugreifend «herzlich»*:
Ach, liebe Frau Kollega: dann nehmen Sie mich mit
und beraten Sie mich, ich kann doch nicht heimkommen,
ohne Krimskrams für Frau und Tochter
... und ich bin total hilflos in Läden.

KATIA, *lacht*:
Hilflos – Sie! Mama, glaubst du ihm das?

LYDIA, *süffisant*:
Nun, ich würde sagen: Hilflosigkeit
ist das einzige, das ich Herrn Böblinger nicht glaube,
stehen wir doch nicht hier zwischen den Türen!

KATIA: Aber ich muß gehen –

BÖBLINGER: Ich auch, wegen Johanson –

KATIA: Aber ich wollte ja gar nicht in Damenläden kaufen,
sondern einen Anorak für meinen Sohn.

BÖBLINGER, *einfach*:
Den sah ich unten.

LYDIA, KATIA *wie aus einem Mund*:
Wen?

BÖBLINGER: Ihren Enkel, ihren Sohn,
meinen ehemaligen Postboten.
Er versorgte grade vor dem Haus sein Motorrad.

KATIA, *schreit*:
Sein Motorrad?

LYDIA: Der sollte doch fliegen, ich hab die Flugkarte
gesehen, die sein Vater ihm gekauft hat –

BÖBLINGER, *und alle stehen nun mitten im Zimmer*:
Ich sah ihn aber mit einer Maschine, so schwer,
daß die einem Motorrad so wenig ähnlich ist
wie ein Auerochse einer Kuh: bestimmt!
Er sah mich auch, sah mich an,
als wolle er mich ermorden
und guckte weg,
als ich versuchte, ihn anzusprechen.

KATIA, *geschmeichelt*:
Nun, er haßt Sie natürlich wie wir alle,
weil sie seine Großmutter gefeuert haben!

BÖBLINGER, *nicht einmal irritiert, geschweige denn verletzt, höchst charmant*:
Deshalb bin ich hier, liebe Frau Kollegin –

LYDIA: Wollen Sie mich wieder haben: schon abgelehnt.

BÖBLINGER, *wie Mephisto*:
Aber ich hab Sie schon wieder!
Das ist zwar Ihr Salon: aber ich biete Ihnen
dennoch Platz an, setzen Sie sich lieber ...

LYDIA *bleibt stehen, jetzt eisig amüsiert, auch sie haßt ihn und will das nicht verbergen*:
Nun machen Sie's nicht so spannend.

BÖBLINGER, *feierlich*:
Ich kam, damit nicht ausgerechnet Sie es morgen
aus der Zeitung erfahren:
ich habe zum 1. 1. Ihre Firma gekauft.

LYDIA, *lacht, um nicht zu schreien, schlägt sogar die Hände zusammen, unverhüllt, ehrlich*:
Lieber Gott, gratuliere Ihnen, kondoliere mir.

BÖBLINGER: Nicht doch: gratulieren Sie uns beiden,
mir, daß ich Sie wiederhabe ... wie fabelhaft Sie jetzt
hier den Johanson einfangen, den ja noch
keiner kaufen konnte für eine Studie;
und gratulieren Sie sich – vertraulich –,
daß durch Übernahme Ihrer Firma,

die ja so fest nun auch nicht mehr
in ihren Stiefeln stand, Ihre Pension gesichert ist
... wenigstens noch zwanzig Jahre:
dann haben uns alle die Japaner und Amerikaner
sowieso aufgefressen:
Darf ich trotzdem ein Gläschen Champagner bestellen?

LYDIA *betroffen, aber ganz geschickt bei dem Versuch, das zu überspielen*:
Sie dürfen ja nun wieder alles, Herr Böblinger.

KATIA, *rasch*:
Ich muß gehen, die Läden schließen
– und zweitens muß ich meinen Sohn ohrfeigen.

LYDIA *zeigt gegen die Decke, um Toms Länge anzudeuten*:
Wie willst du das denn fertigbringen,
wenn er nicht sitzt: und einen Sitzenden
schlägt man so wenig wie einen Lachenden.

KATIA, *mehr zu Böblinger als zu ihrer Mutter*:
Aber was macht man mit einem Wahnsinnigen,
der im Dezember seine Flugkarte wegschmeißt,
um viele tausend Kilometer Motorrad zu fahren,
im Dezember.

BÖBLINGER *zeigt zum Fenster*:
Aber kein Schnee und nicht kalt.

KATIA: Und der Heimweg?
Kann morgen schneien, wird schneien!
Habe ich keine Macht, Tom hier einsperren zu lassen?
Wenn er Weihnachten sitzen müßte:
das würde ihn ausnüchtern und uns
in Ruhe schlafen lassen ... Johanson!
Sie nimmt, da sie in der Nähe steht, das Telefon ab, während

LYDIA *sagt*:
Oder Tom!

BÖBLINGER *hat, ganz plötzlich, Lydias beide Hände gefaßt und sagt einfach*:

Hoffe wirklich, daß Ihnen Weihnachten
nicht verdorben ist,
aber dieser verdammte Kongreß
war eine solche Gerüchteküche, daß ich einfach
gezwungen wurde, heute früh die Fusion,
die erst am ersten ersten bekannt werden sollte,
schon an die Presse-Agenturen rauszulassen ...

KATIA *ins Telefon*:
Kowalenko – oh, I am the daughter, thank you,
Professor, please come upstairs
... room number twohundredandfour, thank you.

BÖBLINGER, *während Katia auflegt, hat die Tür aufgemacht, sagt rasch*:
Suchen wir Ihren Tom, Frau Michelsberg
– und einen Anorak für ihn, ich hole
meinen Mantel und warte in der Halle.

LYDIA: Ja, ich will Johanson meiner Tochter noch
vorstellen, weil sie ja beide ...

BÖBLINGER – *und ab*:
Ich weiß. Weiß schon alles: Fachkollegen!

KATIA, *einigermaßen perplex, schließt hinter ihm nur die äußere der zwei Türen*:
Irgendwie nicht ... nicht unangenehm, Mama,
muß man zugeben, daß er eigens kommt,
dir zu ersparen, dieses furchtbare Malheur
aus den Gazetten zu erfahren.

LYDIA *hat sich gesetzt, plötzlich ausgepumpt, alt*:
Bist du so naiv, Katia? – dem ist völlig schnuppe,
ob ich das aus den Zeitungen höre,
was könnte den mehr erfreuen als die Nachricht,
ich hätte daraufhin einen Infarkt gekriegt!
Weißt du nicht, wie groß solche ... solche Haie sind.
Und wie total gleichgültig gegenüber so kleinen Leuten wie uns?
Der kam deinetwegen, der lechzt nach dir!

KATIA, *nicht ungeschmeichelt*:
Lächerlich, Mama – «Personal» sind wir;
sagst du doch selber.
LYDIA: Nun, wieso, wenn er von Riemenschild und dir
nichts weiß: eine attraktive Geschiedene
und zweitausend Kilometer weg von der Frau ...
schlafen darf man sogar mit Personal!
KATIA, *röchelnd vor Wut und Entsetzen*:
Zweitausend Kilometer ist dieser
Junge Motorrad gefahren!
LYDIA: Wo er nur bleibt? Traut er sich nicht her?
Hast du noch Kronen?
Sie greift schon zu ihrer Tasche auf der Couch; alle ihre Bewegungen und sogar die Sprechweise sind wieder selbstbewußt, belebt, ja deutlich verjüngt gegenüber dem Herbstbild, als sie glaubte, ihr Haus verkaufen zu müssen. Sie hat Geld herausgeholt, während
KATIA *protestiert*:
Mama – ich verdiene auch Geld ... Du hast ja sowieso
hier schon alles bezahlt.
LYDIA: So war's abgemacht.
KATIA *küßt sie*:
Danke. Steht dir gut, Mama, daß du wieder die alte bist,
das heißt: die Career-Woman ... wenn du dadurch
auch sofort wieder chefig wirst und auch mich ...
merkst du gar nicht: wie Personal behandelst!
LYDIA, *da Katia lacht*:
«Chefig» – ich? Mein Chef heißt Böblinger!
Es klopft, der Hotelboy reißt die Tür vor einem fast rothäutigen blonden, dicken und langen Schweden auf, der nahezu fließend deutsch spricht wie so viele seiner intellektuellen Landsleute; wenn möglich soll sein Akzent durch den Darsteller betont werden.
Lydia geht dem Professor entgegen, streckt ihm die Hand hin, sagt rasch:

Schön, daß Sie da sind, Herr Professor
– ich darf Sie meiner Tochter vorstellen,
Moment, bitte ...

JOHANSON, *während Lydia mit ihren letzten Worten den Boy zurückhielt, deutet auf das Weihnachtsbäumchen*:
Hallo – ich hoffe, auch im Hotel werden Sie haben
ein gutes Christmas – guten Abend, Frau Kollega!

KATIA: So schön im schönen Schweden: Weihnachten
und einmal ganz ohne die Arbeit der Hausfrau!

LYDIA: Rasch, eh der Boy wieder wegläuft –
just a moment, please.
Sie steckt dem Boy Kronen zu, während sie fragt:
Herr Professor, was trinken Sie? – Trinken Sie
auch so gern wie ich: Türkenblut.
– Die Mischung von Rotwein und Champagner?

JOHANSON: Sehr gern, danke – ja.
Aber warum Sie fortgehen, weil ich komme?

KATIA, *während auch Lydia spricht*:
Wir haben Ihre wunderschöne Altstadt bisher
wegen des Kongresses kaum gesehen,
und die Läden sind bald zu –
ich muß noch Geschenke kaufen.

LYDIA *zum Boy*: A bottle of champagne, please. Veuve Clicquot, and a bottle of Beaujolais ... thank you.

KATIA: Sicher sehen wir uns noch. Wiedersehen.
Der Boy ab.

LYDIA: Warum, Herr Professor, haben Sie nicht
Ihre Frau mitgebracht?
Ist sie noch auf der Dermatologie?

JOHANSON: Praktiziert nicht mehr: nur noch Großmama,
alle Enkelkinder zu Weihnachtsbesuch – fünf!
Er zeigt's mit aufgespreizten Fingern, verzweifelt.
Deshalb konnte nicht kommen meine Frau,
ich aber mußte zu Hause wegfliehen,
mich zu regenerieren ... im Sommer sehe und höre ich

das Enkelvolk gar nicht, wir haben unser Weekend
an einem See, Sie auch müssen uns besuchen
– da ist für Gästen eine Dependence ...
man trifft ein- ein- einander
so oft oder selten man will,
nur ist es im Norden, ab November fast un- un-
unzugangbar.

LYDIA: Das klingt so verlockend, daß ich morgen früh
dorthin aufbrechen möchte, den Winterschlaf zu halten,
doch leider muß ich in der ersten Januarhälfte
nach Kanada –

KATIA: Herr Professor, bis bald!

JOHANSON *zu Katia, indem er ihr die Tür aufhält – Katia ab*:
Also, kommen Sie – sogar Elche bis vors Haus kommen.
Zu Lydia:
Lachsen können Sie fischen.
Kanada – fliegen Sie gern?

LYDIA: Gern fliegt keiner, doch man gewöhnt sich
an die Angst.

JOHANSON, *lacht*:
Ich hab alt werden müssen, zu ... einsehen,
daß ich meine Mitarbeiter schicke zu Kongressen
mit langer Flugfahrt.

LYDIA, *rasch*:
Konnten Sie trotz der Kinderschar im Hause
einmal kurz nachdenken
über meinen Fragebogen, Herr Professor?

JOHANSON, *lacht ein bißchen verlegen*:
Ehrlich gesagt: ich fand eine große Diskrepanz von ...
zwischen – zwischen die ... die ...
die w i s s e n s c h a f t l i c h e Faszination
Ihres Fragebogens – bestimmt ich werde diese Fragen
zu meinen machen – und der finanziellen Offerte,
das Ihr Fabrik damit für meine Klinik ver ... ver ...
ver ... vergibt.

Er zog die Brille hervor und aus der Rocktasche fünf DIN-A4-Blätter, vorgedruckte, aneinandergeheftete Prüfungsformulare:
Wenn ich ansehe hier Ihre Prüfungsvordrucke,
sicherlich dreißig Punkte – nein: vierzig pro Fall
... und Sie wissen, Frau Kollega, daß auch mir
jede einzelne Dienstleistung von der Klinik
separat berechnet wird,
sogar jedes Blutdruckmessen in Punkten addiert:
dann finde ich, was Sie bieten:
Er lacht:
Zweitausend Kronen pro Patienten sehr – sehr ungenug.
Sparsam, ja. Sparsam.
Erstens ist ja die Zahl der Schocklungen
– glücklicherweise – sehr beschränkt; zweitens ist
die Betreuung solcher Fälle aus- aus- ausschweifend
arbeits- und laborintensiv;
drittens ist da – nein: erstens ist da
das enorme Risiko:
ich soll für Sie eine Substanz
probieren an solchen Patienten
die vielleicht – vielleicht mit «Lokapen»,
was wir seit vielen Jahren schon kennen,
so gut geholfen wird ... werden,
wie überhaupt noch ihnen zu helfen ist ...

LYDIA: Bei allem Respekt, Herr Professor, vor «Lokapen»:
s e i n Nutzen ist auch noch nicht sauber erwiesen!
Wir können doch nicht einfach wie ein Hausarzt
deshalb bei einem Präparat bleiben,
weil wir Angst haben, begründete Angst,
daß ein potentiell besseres – d o c h nicht besser ist.

JOHANSON: Sicher – doch, Frau Kollega, haben Sie denn
selber mit Schocklungen schon einmal gearbeitet?
Glauben Sie, es gibt nichts Über- Über-
Überraschenderes in der ganzen Medizin.

Lydia, *einfach*:
Wem sagen Sie das, meine Tochter arbeitet doch wie Sie
auf diesem Sektor, verheiratete Michelsberg.
Johanson, *fast enthusiastisch, zeigt zur Tür, um Katias Abgang zu kommentieren*:
Sie: diese Tochter? Natürlich kenne ich ihre
Publikationen aus der Arbeitsgruppe Riemenschild!
Warum ist sie weggegangen von uns
eine so viel – viel – erhoffende Nachwuchs!
Lydia, *reserviert*:
Nun, weil schließlich das Finanzielle, das wir
einbeziehen müssen heute, meine Tochter nichts angeht
... essen Sie doch, Herr Professor,
als Gast meiner Firma mit uns zur Nacht:
meine Tochter kann Ihnen dann berichten
über Komplikationen der Lungenbiopsie;
sie hatte nämlich – genauer: ein Patient
hatte Pech bei einer Biopsie.
Johanson, *stirnrunzelnd, erstaunt*:
Biopsie? – warum ... wozu eine Biopsie?
Da ist in den ... den Publikationen doch nur
gesagt von ... von Sektionsmaterial!
Lydia, *hastig*:
Keine Ahnung, fragen Sie meine Tochter selbst –
Johanson: Gern, aber zum Nachtessen bin ich bei
Freunden, doch morgen oder –
Lydia: Sie wird bald zurück sein, sie erwartet ein Telefonat,
besprechen wir doch, was nur uns beide betrifft,
wenn ich vorschlagen darf – die Entschädigung ...
Johanson: Zunächst kommen ja Schocklungen nicht so
häufig ins Haus wie Pneumonien,
die Studie nimmt Zeit weg,
wodurch Einführung sich verzögert Ihres Präparats.
Lydia: Gewiß, weshalb Sie aber auch billigen werden,
Herr Professor, daß wir noch in sechs weiteren Zentren

dieses Präparat mit diesem Protokoll testen lassen;
wenn Sie wollen, kann ich Ihnen bald
die Namen jener Professoren nennen,
die außer Ihnen daran arbeiten werden.

Anklopfen, Lydias: «Herein» – und der junge, schöne, stumme Boy bringt Wein, Sekt im Kübel und zwei Gläser; er läßt das quittieren, Lydia gibt ihm Kronen, er sagt zweimal: «Tak» – und Lydia nimmt ihm, der die Flasche öffnen will, den Champagner ab und öffnet und mischt ihn selber mit dem Rotwein.

JOHANSON, *kühl*:
Nun ... taxiert, nur taxiert:
achtzehnhundert Kronen wird abzugeben sein
für ... in der Klinik. Was bleibt dann übrig denen,
die damit Arbeit haben, für meine Ärzte und
Verzeihung: – haha, für mich?

LYDIA, *einlenkend*:
Nun, wenn die Klinik Ihnen
achtzehnhundert wegnimmt,
wird meine Firma sich gewiß ...
erkenntlich erweisen ... ich schlage vor,
wir zahlen Ihnen für zwei Assistenten je
dreißigtausend nach Abschluß der Untersuchung.

JOHANSON: Kronen? – dreißigtausend! Das sind netto?

LYDIA: Sie können Ihre Assistenten beruhigen:
das Geld kommt nicht direkt von uns,
sondern von einer Tochterfirma in der Schweiz
– also Nettobeträge, steuerfrei.
Ihnen, Herr Professor, wenn ich vorschlagen darf,
zahle ich heute fünfzigtausend Dollar bar aus
– und Sie bekommen noch zweimal
die selbe Summe,
auf ein Konto in Zürich, schlage ich vor,
wenn Sie zwei Publikationen
über unser Präparat veröffentlicht haben,

wobei uns wünschenswert ist, daß Ihre Studien
vor dem Druck noch auf einem Kongreß
oder Symposium vorgetragen werden...
was wir Ihnen extra honorieren würden,
samt Reisespesen selbstverständlich,
auch wenn Sie selber...
lächelnd
nicht hinfliegen wollen,
sondern durch einen Mitarbeiter vortragen lassen...

JOHANSON, *der mit der Zunge rasch über die Lippen gewischt hat wie ein Kater, der Tauben sieht*:
Ja, ich denke, das könnte ich... ich akzeptabel finden.

LYDIA, *die schon ihre Handtasche geholt hat, nimmt zwei weitere Täschchen und zählt endlich die fünfzigtausend Dollar hin*:
Zählen Sie bitte nach.

JOHANSON, *lacht*:
Bargeld lacht.
Während er tatsächlich nachzählt, fügt sie hinzu –

LYDIA: Ob ich Sie bitten darf, uns einen Zwischen- oder Vorbericht nach den ersten zehn Patienten zu geben?
Und wann, glauben Sie, könnte das frühestens sein?

JOHANSON: Zehn sind viel, ich mache Ihnen nach – nach – nach die ersten fünf einen Bericht...
überhaupt, rufen Sie einmal an,
wir bleiben in Kontakt... hat – hat dieses... hat
das Präparat überhaupt schon einen Namen?
Herr Lund, meinen OA, schlage ich
als Kontaktmann vor...

LYDIA, *die an einem Koffer ist, um ihm Papiere, einen dicken Stoß, sechs Schnellhefter voll, zu entnehmen, die sie dann dem Professor aushändigt*:
Dr. Lund... den Namen schreib ich mir auf. Danke.
Nein, es läuft immer noch unter dem Code-Namen:
EK 24 26.

JOHANSON: EK 24 26?
LYDIA: Nichts Spezifisches, wird noch geändert, mehrfach.
Die «Taufe» erfolgt bei der Registrierung,
also nach Abschluß der klinischen Prüfungen.
'ne Menge Bürokram ... das ist ja mein Leiden:
daß ich nicht mehr Ärztin sein darf
mit direktem Zugang zu Patienten,
sondern daß ich nur noch mit Formularen umgehe
statt mit Menschen!
JOHANSON: Glauben Sie denn, Kollega, bei mir ist das
anders? Nicht – nicht – nicht anders!
Weit mehr als die Hälfte von alle Zeit
vergeude ich in Verwaltung – statt Kranken zu helfen!
Sitzungen, Papierkrieg ...
LYDIA: Hier alles, was bisher
über die Substanz dokumentiert wurde:
noch nicht sehr viel!
JOHANSON: Wie sind denn Sie in die Industrie geraten?
Er hat die Schnellhefter, nachdem auch er aufgestanden ist, ihr abgenommen, setzt sich aber wieder, sie trinken einander zu.
LYDIA: Nach dem Krieg war ich plötzlich displaced person
– von Land zu Land, folglich von Klinik zu Klinik
verschoben, immer in der Erwartung, irgendwann
die Papiere zu erhalten, die mir das Recht
geben würden, eine Praxis zu eröffnen.
Mein Mann kam nicht zurück, vermißt.
Sie wissen, wie blutwenig damals
sogar Oberärzte verdienten,
also verdingte ich mich, als meine
Tochter studieren sollte,
in der Industrie, die mich
mit dem dreifachen Gehalt anstellte,
das ich als Assistentin von Kocher
in Berlin erhalten hatte.

Johanson, *erfreut*:
Beim Kocher waren Sie, beim alten?
Ich auch – der Bonmot-Kocher sagten wir gegen ihn.
«Man darf keiner Statistik glauben,
die man nicht selbst gefälscht hat.»
Oder er sagte einem Züricher Damenschneider nach:
«Vous avez des douleurs – vous avez des dollars?»

Lydia: Ja, genauso hat er mich verabschiedet in mein
neues Wirkungsgebiet, er war beleidigt, daß ich
«fremdging», wie er das nannte, «fremdging»
in die Industrie,
und schickte mich weg mit dem Satz:
«So – nun wollen Sie Medikamente verkaufen,
mir aber nicht, ist doch alles nur Weihwasser:
glaubt man dran – so hilft's!»

Johanson: Immerhin ... sooo weit würde ich kaum gehen
in meinem Medikamenten-Optimismus ... ich meine,
die hilfreichsten sind ... sind solchen,
die der Patient in den Nachttopf schüttet.

Lydia: Aus Ihnen spricht jetzt der Chirurg, der wie alle
guten, im Grunde sicher ist, ein Internist
mit erweitertem therapeutischem Arsenal zu sein.
Ich aber denke doch: wo die Registrierungsbehörden
unbestechlich sind und pedantisch ... wie die FDA.

Johanson: ... und dreißig, Herrgott! Fragen wie hier
auf Ihr neues Prüfungsformular haben? Nein:
über dreißig!

Lydia: Zugegeben, überpedantisch,
doch, Herr Professor, selbst zu Ihnen dringt ja
nicht jede Betriebs-Unfall-Nachricht
aus der pharmazeutischen Industrie ...
vermute ich richtig, so haben Sie nicht gehört,
daß Ende November in Tokio
der siebzehnte Patient – siebzehn in drei Wochen –
an einem Spasmolytikum gestorben ist,

das eine Konkurrenzfirma
seit sechs Jahren ohne Beanstandungen
in alle Welt verkauft hat ... das jedoch die Japaner
offenbar optimieren wollten, indem sie es
wahnwitzig hoch dosiert haben!

JOHANSON: Siebzehn sind genug – doch sicherlich
wie beim Eisberg nur die sichtbare Bruchteil
des Ganzen ... wo siebzehn gezählt werden,
wie – wie – wie viele, schätzen Sie, sind dann –

LYDIA: Die Zahl ist so vieldeutig wie die Schuldfrage,
zweifellos wird juristisch keiner belangt werden,
weder die europäische Mutterfirma,
die sicher ohne Schuld ist, noch der Tokioer
Lizenznehmer, noch die japanische Gesundheitsbehörde
– ich will nur den Angehörigen wünschen,
daß Sie einen Anwalt finden, der geltungsbedürftig ist
und sich für die Politik profilieren will:
dann können siebzehn Familien
mit dem vielleicht die Presse mobilisieren,
und dann wird man zur Vermeidung eines Prozesses
Renten zahlen und – herein!
Bist du wieder da, Katia, ich hab schon gesagt,
daß du an Herrn Professor Fragen hast.

KATIA, *die hektisch, als habe sie eine ungute Post bekommen, ohne Thomas ins Zimmer kam, ruft, indem sie ihr Cape abwirft*:
Störe ich, zu früh zurückgekommen?

JOHANSON, *interessiert, lebhaft, als habe er's mit einer alten Bekannten zu tun*:
Aber ich kenne doch Ihre Arbeiten, Frau Kollega!

KATIA: Danke, Herr Professor.
Er hat sich längst erhoben, ihr beim Cape behilflich zu sein.
Herr Professor, ich frage Sie ganz direkt:
könnte ich eine Zeitlang bei Ihnen arbeiten

– und zwar so rasch wie möglich?
Hier sind meine Referenzen, bitte.
Sie hat (was sie schon in der Hand trug, als sie eintrat, offenbar hatte sie es in ihrem Zimmer geholt) ein dickes Kuvert übergeben. Ohne Pause fügt sie an:
Ich möchte unbedingt rasch weg aus meiner
jetzigen Klinik ...

JOHANSON, *vorsichtig*:
Grundsätzlich sind Sie willkommen,
doch das letzte Wort haben die ... die ...
die Ausländerbestimmungen ... da wir selber oft
Assistenten zur Weiterbildung in anderen Länder
äh: versenden ... sollte in Austausch das ... äh:
erlaubt sein, ja, denke ich.
Aber Sie haben ... es ... wenn ich verstehe:
es eilig, warum schon so ... so bald?

LYDIA *ist aufgestanden, fragt*:
Ich bin jetzt hier überflüssig und geh zu dem Jungen?

KATIA: Mich störst du nicht, aber wenn du Tom suchst:
der wartet drüben in meinem Zimmer ...
Zu Johanson:
Ein soeben achtzehn gewordener Verrückter,
der seine Flugkarte zu Geld gemacht hat,
um zweitausend Kilometer mit dem Motorrad
zu reisen – im Dezember!

JOHANSON, *lacht*:
Erfrischend: Nebel und Flugzeuge viel gefährlicher.
Achtzehn!

LYDIA, *abgehend*:
Ich sehe nach ihm – übrigens, Herr Professor:
ist die Indiskretion durchgedrungen,
daß Sie ganz oben auf der Liste
für den Nobelpreis stehen!

JOHANSON, *lacht*:
Seit zehn Jahren: nie – nie ... auf meinen

Todfeind im Komitee ist Verlaß,
und ist zwanzig Jahre jünger als – als – als ich:
da ist nicht einmal biologisch Hoffnung!
Wir müssen noch definieren, welche Patienten
Frau Kollega, überhaupt aufzunehmen in Studie:
denn Schocklunge ist bisher keine scharf
... scharf ... wie sagt man:
scharf definierte klinische Entität,
es kann einer mit Schocklunge
oder Crash Lung, wie wir sagen,
schon eingeliefert werden; es kann aber
auch erst im Laufe der Behandlung
eines Polytraumas oder postoperativ Schocklunge
passieren ...

KATIA, *stöhnt*:
Wem sagen Sie das, Herr Professor!

LYDIA: Das ist der Punkt, den wir offen ließen:
wir stehen am Anfang dieser ... der
Wissenschaft von der Schocklunge
– Herr Professor, alle Arten, die Sie soeben
skizzierten, meine ich, gehören in diese Studie.
Und nun lasse ich Sie beide: Fachgenossen
ein paar Minuten allein ...
Sie geht ab.

KATIA *hat sie zur Tür gebracht, sagt, die zwei Türen schließend*:
War dies das Glas meiner Mutter?

JOHANSON – *und schenkt ihr ein*:
Ja, dies. Ja.

KATIA, *als sie sich zugetrunken haben*:
Danke.
Über meine Ausbildung, Examina und so weiter:
ist alles hier im Kuvert – doch was mich drängt,
meiner Klinik den Rücken zu kehren, ist
– ist eine Mißstimmung, die nach einer tragisch

verlaufenen Lungenbiopsie aufgetreten ist.
Wie Sie ja wissen, forschen wir mit Ihnen um die Wette
nach Ätiologie und Pathogenese der Atem-Insuffizienz
nach Schock-Zuständen, wobei unser Interesse
patho-morphologischen Lungen-Veränderungen gilt.
Deswegen waren wir darauf aus, lebensfrisches Material
zu gewinnen, und dazu wandten wir eine neue
– weniger traumatisierende –, Lungenbiopsie-Technik an,
die mein Chef entwickelt hat ...

JOHANSON: Riemenschild? – ist der nicht auch hier!

KATIA: Ist heute nach Hause geflogen, ja – wir ...
wir sprechen kaum miteinander. Nicht mehr.
Die transthorakale blinde Zangenbiopsie
ist heute die einzige Methode,
auf diesem Sektor weiterzukommen!

JOHANSON, *stirnrunzelnd*:
Und ... und ... und das nannten Sie wie:
«weniger traumatisierend»? – Wieso!
Wir hier in ... installieren Gewebskleber
in die Lungenwunde.

KATIA: Diese Art – das wissen Sie ja, Herr Professor,
ist bei Gesunden beinahe ... so gut wie völlig
ohne Risiko.

JOHANSON: Das weiß ich noch keineswegs.

KATIA, *rascher*:
Wir waren aber dabei, statistisch zu belegen,
daß trotz des hohen Risikos bei
respiratorischer Beatmung ... nicht mit
Widrigkeiten gerechnet werden muß.

JOHANSON, *sarkastisch*:
Da hat euch offenbar jemand ... kürzlich:
einen ... einen Strich gemacht durch
... durch die Rechnung!

KATIA: Sie wissen? – Aha, ja, dieser letzte Fall.

JOHANSON, *ungeduldig, sehr verstimmt – zu höflich, ihrer*

Mutter wegen, sie rauszuschmeißen; auch verärgert, daß die Deutschen ihm die Schau stehlen wollen, brutal:
Sektionsgut:
So kann man sich auch profilieren.
Und wir Idioten treten hier seit fünf Jahren
auf der Stelle! Aber wir hatten auch keinen
... keinen Toten.

KATIA, *bedrückt*:
Dieser letzte Fall wurde dadurch kompliziert,
daß ... die Staatsanwaltschaft ermittelt.

JOHANSON, *der raucht und ihr eine Zigarette gab; sie ist doch angeschlagen*:
Ja nun, meine liebe Frau Kollega,
eine invasive Maßnahme, die ...
die nur der Wissenschaft dient, aber doch kaum
dem Einzelfall: darf ja auch keine
Mortalität haben.
Was habt ihr denn da – gemacht!

KATIA, *zögernd, ertappt*:
Diese ... letzte Schocklunge hatte links noch
einen Mantel-Pneu nach Polytrauma,
Rippenserienfrakturen und Lungenkontusion.
Es bestand eine ausgeprägte respiratorische
Insuffizienz ... trotz Sauerstoff-Überdruck-
Beatmung gelang es nicht,
die arterielle Sauerstoffspannung zu
... zu normalisieren.
Dennoch ordnete mein Chef an, den Patienten
auf der rechten Seite zu punktieren.

JOHANSON, *entsetzt*:
Lungenbiopsie bei Ateminsuffizienz?!
Um Gottes willen!

KATIA, *bitter*:
Ich versuchte natürlich ... so weit mir
das zukam: auf die Kontra-Indikation

hinzuweisen ... aber Riemenschild meinte,
daß wir uns diese Chance unmöglich
... entgehen lassen könnten;
er wiederholte zuletzt wöchentlich, daß wir
bis zum Kongreß in Sydney ...

JOHANSON: Im Mai –

KATIA *nickt*:
... eine repräsentative Fallzahl, mindestens fünfzehn,
vorweisen müßten.

JOHANSON, *böse belustigt*:
Fünfzehn – da seid ihr aber sehr – sehr fleißig!

KATIA: Nach dieser – wie mein Chef sagte –
«Grenz-Indikation» kam es zur Katastrophe:
unser Patient entwickelte r e c h t s
einen Hämatopneumothorax und kam daran in der Folge
trotz aller Bemühungen ad exitum.

JOHANSON: Aber warum, bei allen Bedenken,
haben Sie das nicht,
haben Sie das nicht Herrn ... Herrn ...
Riemenschild selber machen lassen?

KATIA, *kleinlaut*:
D a s frage ich mich jetzt auch.
Doch soll ich nun allein dafür büßen:
eine Kollegin, die inzwischen entlassen wurde,
hat die Angehörigen des Verstorbenen alarmiert –

JOHANSON: Wir hätten hier nicht – nicht – nicht hier
arbeits-juristisch die Möglichkeit,
so jemand zu kündigen, der –
wieso durften Sie?

KATIA: Die Kollegin hat medizinische Papiere entwendet,
um uns vor Gericht und in der Presse
unmöglich zu machen.

JOHANSON: Aber Ihr Chef wird doch – doch Ihnen
beistehen?

KATIA: Das dacht ich, das d u r f t e ich,

glaub ich, denken.
Vorbei.
Sie verstehen nun, Herr Professor, warum ich
da weg will – je schneller, je besser.

JOHANSON: Ich möchte Ihnen helfen, doch was Sie da
– fünfzehn Fälle sammeln für den Kongreß in Sydney –
gemacht ... mit gemacht haben, ist wirklich ...
also: bei mir hätten Sie das nicht gedurft!

KATIA: Früher hatte ich so – so eine leise Verachtung
für meinen Mann, meinen geschiedenen, weil er «nur»
Praktiker ist ... heut wünschte ich,
die Wissenschaft hätte mich nie gereizt, denn
dieser Tote da an meinem Weg –

JOHANSON, *sachlich*:
Wir haben alle unseren Toten – wenn nicht: mehrere.
Er kehrt nicht wieder ins Leben, weil Sie verzweifeln.
Sie erwarten also einen Prozeß?

KATIA: Ja. Aber es sind ... vor allem
persönliche Gründe, daß ich da
nicht bleiben kann: ich hatte Riemenschild vertraut
– jetzt weiß ich, er hat mich nur benutzt.

JOHANSON: Können Sie beweisen, daß Sie
diesen – schrecklichen Eingriff nur gemacht haben
auf Anordnung von Riemenschild?

KATIA, *Schulterzucken; sie merkt, daß dies die Fangfrage eines Chefs nach ihrem Verhalten gegenüber einem anderen Chef ist, vorsichtig, tastend*:
Ich – ich hab nie ... mir vorstellen können,
gegen diesen Chef, den ich – ja: verehrte
irgendeine Schweinerei zu machen.
Er war mein Lehrer, verstehen Sie:
ich wäre nie auf die Idee verfallen, gegen ihn
Indizien zu sammeln ... meine Kollegin aber
hat das gemacht: Schriftverkehr
mit anderen Kliniken fotokopiert ...

JOHANSON: ... und sich damit für jede Neu-Anstellung unmöglich gemacht, überall. Wer will einen Spion!
Johanson, aufstehend; hält das Kuvert mit ihren Personalien hoch:
Ich spreche gleich mit meiner Verwaltung ...
Ihre Personalien, Staatszugehörigkeit – alles ...

KATIA, *auch aufgestanden:*
Alles da nachzulesen.

JOHANSON: Nicht daß ich nicht helfen will.
Nur, bedenken Sie:
wo man nicht ist – hat man nicht recht.
Ist es klug, ausgerechnet zu räumen – jetzt das Feld?

KATIA: Klug sicher nicht. Doch ich halte das persönlich nicht aus: die Enttäuschung, daß Riemenschild mich seiner Karriere aufopfert –

JOHANSON: Was hätte er für Nutzen,
es fiele doch auf ihn ein Schatten.

KATIA: Er hat durchaus etwas davon, wenn ich – nicht er vor Gericht muß!

JOHANSON: Wann muß ein Arzt vor Gericht:
das gibt es – es – es fast nicht ... ich helfe dann,
ich auch ... haben Sie deshalb kein ...
ungeglücktes Christmas!
Es klopft an, zweimal, fest – und rasch tritt Thomas ein, etwas zugeschneit.
Sehen Sie nicht alles so eingetrübt wie unseren
schrecklich tiefen Schweden-Himmel!

THOMAS: Oh – Verzeihung, Herr Professor, ich wußte nicht –

KATIA, *während Johanson, der schon vor dem Eintritt von Thomas seinen Mantel gegriffen hat, jetzt seine Pelzmütze nimmt, um zu gehen, zu ihrem Sohn:*
Habt ihr euch verfehlt, Oma und du?

THOMAS, *schon im Abgehen:*
Nein.

Ich rief Papa an – du sollst ihn sofort anrufen,
da ist was mit Omas Firma.

JOHANSON: Halt – junger Mann, nehmen Sie mich runter!

KATIA: Ich bringe Sie zu Ihrem Wagen, Herr Professor.

JOHANSON: Nein, nein, nein – danke, telefonieren Sie mich
morgen um diese Zeit, hier meine Karte: privat ...
... der junge Mann nimmt mich runter.

KATIA: Ich danke Ihnen sehr herzlich, daß Sie sogar
an Weihnachten Zeit fanden für meine Probleme.

JOHANSON: Oh – können, so oder ähnlich morgen
auch meinige Probleme sein: Wiedersehen, Frau Kollega!

THOMAS: Papa sagt, Oma soll das von dir erfahren.

KATIA: Wie nahm er's auf, daß du mit Motorrad kamst?

THOMAS: Er ohrfeigte mich – so gut das am Telefon geht.
Als er dann wieder Luft genug hatte
zu schreien: legte ich auf.

JOHANSON: Ich fahre auch lieber Rad als Aeroplane.
Schönes Christmas.

KATIA *geht mit ihm und ihrem Sohn zur Tür*:
Auch Ihnen, Herr Professor.
Auf Wiedersehen.
Thomas schließt die Türen, geht mit Johanson ab; sehr rasch geht seine Mutter zum Telefon und wählt und sagt in den Hörer süffisant:
Katia hier – 'n Abend, kann ich Ihren Mann sprechen.
Danke!
Sie entzündet eine neue Zigarette, dann:
Ich sollte dich anrufen? – was ... wissen wir!
Böblinger selber hat's Mutter gesagt.
Tun kann der ihr ja zunächst nichts,
doch auf die Dauer ... welche? Ich frage:
welche Zeitungen! Nein – nein:
Böse und laut:
Hättest du oder meine Nachfolgerin Tom
ans Flugzeug gebracht, wär's nicht passiert.

Wieso? Ich lasse sein Motorrad hier vom Hotel
wegschließen, Ostern frühestens oder noch besser:
wenn er's Abi hat,
kann er sich's wieder holen. Haarsträubend.
Ach – Quatsch!
Wütend schmeißt sie den Hörer hin, grußlos.
Im gleichen Moment klingelt erneut das Telefon, hastig sagt Katia:
Das Gespräch war beendet – ach: du, Paul!
Wieso fliegst du nun erst morgen heim?
Ironisch:
Soo – sieh da: plötzlich noch eine rührende
Weihnachtsversöhnung ...
Wenn du wüßtest, wie vernichtend ich
noch vor zehn Minuten über dich sprach,
um vor dir und dem Schwurgericht
– heißt das nicht so, wenn's um eine Tote geht –,
um vor euch in Schweden Zuflucht zu suchen!
Nein, nein – kannst schon kommen, das ist hier
eine Art Salon. Gut, ja: warte.
Sie legt auf, weil Lydia und Tom eintreten, Lydia hat über dem Pelz ein ebenfalls etwas schneenasses Kopftuch.

LYDIA: Ich sah ihn noch, Johanson, bin überzeugt,
der gibt dir Arbeit ... verdient ja auch
nicht schlecht an mir.

KATIA: Was glaubt ihr, wer die Frechheit hat, mir noch
– wie er sich ausdrückte – einen Versöhnungsbesuch
vor Weihnachten machen zu wollen?
Er habe für dich wie für mich wichtige Nachrichten,
eine hocherfreuliche, eine tief bedauerliche ...

LYDIA, *verächtlich*:
Ich sah ihn schon, ehe ich mit Tom wegging
– sah auch, daß er mich anreden wollte
und sah weg. Immerhin, mir hat er den Job besorgt,
dir allerdings nur den Prozeß.

Katia, Riemenschild ist deine Sache.
Aber wenn Johanson dich nimmt,
dann laß dich nicht beschwätzen, in Deutschland
weiterzumachen, geh nach Stockholm!

THOMAS: Und der Typ kommt jetzt – und belästigt uns
den ganzen Abend?

KATIA: Du hättest Grund, kleinlauter zu sein
– gib mir deine Motorradschlüssel!

THOMAS: Mama, sei nicht albern: ich habe fremde Töffs
ohne Schlüssel in Gang gekriegt, glaubst du,
fürs eigene brauche ich 'n Schlüssel!

KATIA: Die Maschine wird hier weggeschlossen bis Ostern.

THOMAS: Hast du gedacht, ich weiß. Komm, gib deinen
Mantel – bis wir den Riemenschild los sind.
*Er hat seinen Parka abgeworfen und hilft der Großmutter
aus dem Pelz.*
Wohin werdet ihr mich deportieren, wenn Katia
nach Stockholm entweicht?

KATIA: «Entweicht»!

LYDIA: Das ist für mich der egoistische Aspekt
an der Sache: daß du dann einer einsamen Alten,
sofern du das willst, eine Stunde am Tag
für Kost und Logis Gesellschaft leisten könntest, oder?
Sie küßt ihn zärtlich.

KATIA, *plötzlich verdüstert*:
Ziemlich schrecklich, wie gelassen ihr's beredet,
daß ihr mich abschiebt in den kalten Norden
– als wäre ich hier sicher, wenn's ernst wird, juristisch.

LYDIA: Wann wird juristisch für Ärzte etwas ernst?
Ich habe das noch nie, noch niemals erlebt!
In Amerika, mag sein, kann ein Arzt Angst haben
vor einem Patienten, das heißt: vor einem Kollegen,
denn was weiß ein Patient ohne Arzt,
der für ihn aussagt – aber in Europa?
Hier hackt doch keine Krähe einer anderen –

sollte es ernst werden für dich, Kind,
hole ich dir aus der Schweiz Gutachter:
die hält man – wieso, weiß Gott – international
für ebenso seriös wie ihre Währung.
THOMAS: Wieso sagen in den USA Ärzte aus – gegen Ärzte?
LYDIA: Weil sie Geld brauchen, die soziale Absicherung
gibt's drüben auch für Ärzte nicht:
geht's ihnen gut, so geht's ihnen sehr gut.
Geht's ihnen aber schlecht ...
lies die Memoiren von Nissen,
dem Basler Sauerbruch-Schüler,
der als Jude emigrieren mußte und berichtet,
wie in New York zum Beispiel Überweisungen
an einen Chirurgen viele Ärzte
nur unter der Bedingung vornehmen, daß die Hälfte
der Operationseinnahmen an den Arzt fällt,
der überwiesen hat ...
KATIA: Und wie oft deshalb – und deshalb allein –
operiert wird. Nissen schreibt, daß ihm anfangs oft
Leute zur Operation geschickt wurden,
die man gar nicht zu operieren brauchte;
das hörte auf, sobald die Kriminellen unter den
überweisenden Ärzten gemerkt hatten,
daß sie mit diesem Nissen
solche Geschäfte nicht machen konnten.
LYDIA: Ich hab das Buch: «Helle Blätter, dunkle Blätter».
THOMAS: Werd's lesen – jetzt aber bin ich entstellt
vor Hunger: ich muß ein Steak essen,
so groß wie Ohrfeigen.
Er hält, das zu zeigen, seine flache Hand hin, rasch hat ihm
KATIA *erwidert*:
Wie die Ohrfeigen, die du noch kriegen wirst
wegen der Reise.
LYDIA: Was kann dir Riemenschild schon Gutes melden ...
KATIA: Böses meldet er ja auch.

LYDIA: Gutes kann nur heißen, daß er sich doch
endlich scheiden läßt!
KATIA, *erbittert*:
Mama, er will nicht von seinen Kindern
weggeschieden werden – und wieso glaubst du,
daß ich noch heiratswütig bin?
THOMAS: Schade, welcher Sohn würde nicht gern
bei der Hochzeit seiner Mutter Blumen streuen?
KATIA: Hast du das nicht schon bei deinem Vater gemacht?
THOMAS: Bei Papa ging das nicht, weil alle Blumen
benötigt wurden, den Sechsten-Monats-Bauch
von Jungfer Braut zu tarnen.
LYDIA: Eure Humorigkeit ist angesichts der Situation,
in die Katia durch den Tod der Reiterin
und ich durch die Fusion mit Böblinger geriet:
total unzureichend.
KATIA: Wie charmant, Mama, du das wieder gesagt hast,
du hältst zwar zu mir, verstehst mich aber
überhaupt nicht.
LYDIA, *lacht*:
Verstanden haben wir uns n i e.
Mutter und Tochter können das von Natur nicht.
Das brauchts's aber auch nicht,
um zusammenzuhalten ... eure Blödelei hat mich
zusätzlich entnervt. Schon Weihnachten
reicht immer aus, mich zwar nicht dem Heiland
näher zu bringen, aber doch der Heilanstalt!
THOMAS *hat sich in einen Sessel geflegelt und «liest» in einem schwedischen Aktmagazin, jetzt sagt er wütend*:
Was immer unserer ehrenwerten Familienbande
– welches Wort bekanntlich einen Beigeschmack
von Wahrheit hat – nachgesagt werden kann:
bestimmt nicht, daß es den Bandenmitgliedern
an Brutalität gegeneinander mangelt.
Aber das hält die Alten jung,

wie man an euch zweien sieht,
während es die Jungen, wie ich an mir merke,
vorzeitig uralt macht.
Daher ich zu meiner – seelischen, versteht sich –
Wiederauferstehung dieses Aktmagazin studiere ...

KATIA, *und geht ins Schlafzimmer ihrer Mutter ab, sich zu schminken*:
«Studiere» – du! Nun ja, ein Magazin ...

THOMAS *überhört das souverän*:
Seit ich lesen kann, und das ist nun auch schon
drei Jahre her: lese ich, Penisneid
sei bei euch Mädchen der einzige Heiratsgrund.
Oma, war das auch dein einziger Grund,
die forsche Katia zu zeugen?
Er legt ihr aufgeschlagen das Aktmagazin vor, sie lacht, kopfschüttelnd, während Katia nebenan im Schlafzimmer ihre Bemalung erneuert.

LYDIA: Natürlich gibt es den Penisneid
– doch nicht bei uns, sondern bei euch Männern:
so wie jede Bäuerin überzeugt ist,
die Kuh der Nachbarin habe das vollere Euter!
Ich hatte immer den Verdacht, Freud
sei damit einer Jungschen Projektion erlegen:
anderen etwas anhängen, weil man's selbst empfindet!

THOMAS: Danke, jetzt weiß ich, wie ich meinen Direktor
in Wut und um sein bißchen Verstand bringen kann:
ich mache bei allen Lehrerfrauen
für unsere Schülerzeitung eine Umfrage:
wie tief plagt Sie der Penisneid;
– und wie viel furchtbarer wird Ihr Gatte,
Herr Oberstudienrat Soundso, von «demselben» geplagt?

LYDIA: Denk an dein Abitur, warum willst du dir
mit dieser Provokation den Rest geben, Junge!

THOMAS: Oh, es kann noch nichts passieren, sie müssen
mich wieder auf Probe versetzen!

KATIA, *die ihren Neuanstrich noch nicht beendet hat, ruft*:
Versetzung genügt nicht, deine Noten
müssen jetzt so sein,
daß du zum Studium zugelassen wirst.
THOMAS: Ich will ja überhaupt keinen Beruf erlernen,
sondern Journalist werden!
KATIA: Quatschkopf – mußt du da nichts gelernt haben!
THOMAS: Fast nichts.
Gar nichts reicht allerdings nur in der Politik:
da kann ein Junggeselle Familienminister,
ja sogar ein Ungedienter Verteidigungsminister werden.
Katia, malst du dich da riemenschild-schön?
KATIA, *überspielt ihr Gereiztsein durch Ironie*:
«Riemenschild-schön»: diese Bemerkung ist nun so doof,
daß ich doch Freud in Schutz nehme gegen euch:
bisher hielt ich den Ödipuskomplex ebenso für seine
freie Erfindung wie seine Penisneid-Projektion
auf uns Mädchen. Wenn ich aber höre,
daß du riemenschild-schön sagst, mein Söhnchen –
Da er da steht, wo sie ins Zimmer tritt, fährt sie ihm zärtlich durchs Haar und küßt ihn:
dann glaube ich doch, es ist die Mutter,
die alle Jungen suchen, auch wenn sie sich als Babies
ebenso an die Dienstmädchen klammern wie an uns.
THOMAS: Oma, was meinst du?
LYDIA: Weiß nicht, vermute aber, es ist doch nur das Weib,
das der Junge sucht; wenn dann zufällig die Mutter
Bezugsperson ist und nicht die Tante oder Haushälterin:
nimmt er die nur in Kauf. Riemenschild soll dir sagen,
welche böse Nachricht er für mich hat,
Tom und ich gehen essen,
wenn's den Aktmagazinleser nicht geniert,
mit so einer alten Schachtel ein Lokal zu ...
THOMAS: Alte Schachteln können sehr schön sein,
du bist aber keine – und seit du jobbst,

bist du sogar wieder jung.
LYDIA: So jung, daß ich's in allen Gelenken spüre:
Dezember innen und außen! Komm –
wir rufen an, wenn wir ein gutes Steakhaus finden,
lade ich Riemenschild dazu
– auf Kosten Böblingers:
immerhin verdanke ich ihm den Job!
KATIA: Schon abgelehnt, Mama, iß du mit Tom – da!
LYDIA, *ruft*:
Herein!
RIEMENSCHILD, *die Innentür noch in der Hand*:
Frau Kowalenko, entschuldigen Sie den Überfall,
Katia, grüß dich ... Tom, Sie auch?
LYDIA, *gibt ihm die Hand*:
Katia sagte, sie hätten für mich eine Hiobsmeldung
... lassen Sie auf, Tom und ich sind schon im Gehen.
RIEMENSCHILD: Hiob war noch schlimmer dran,
vermut ich.
KATIA: Du meinst wahrscheinlich, was schon Werner eben
als neu durchtelefonieren wollte
– was aber Mutter längst weiß?
LYDIA: Durch Böblinger selber!
RIEMENSCHILD: Aha – aber ich sehe: Sie tragen das gefaßt.
LYDIA: Was sonst sollte eine Angestellte tun ...
schikanieren wird er mich nicht mehr,
sondern abschieben,
bei erster Gelegenheit, in die Rente.
KATIA: Ist schon bitter, daß der Halunke wieder
dein Chef und noch machtvoller geworden ist!
Während sie reden, hat Thomas aus seinem dort liegenden Parka bundesdeutsche Ordensbänder schwarz-rot-gold und zwei Hände voller Mercedes-Sterne genommen, mit denen er den Weihnachtsbaum behängt. Noch merken die drei Erwachsenen das nicht ...
RIEMENSCHILD *hat heftig, fast programmatisch gesagt*:

Böblinger hat tausend Wünsche an die Stadt,
speziell Grundstückskäufe zur Erweiterung
seiner Werkanlagen ... ich schalte mich da ein,
seitens der SPD:
wir können ihm sehr viel Ärger machen,
sollte er sich an Arbeitsplätzen vergreifen!

LYDIA, *achselzuckend, glaubt ihm nicht*:
Wie könnten Sie einem verbieten,
Mißliebige wie mich zu liquidieren,
wenn er Abteilungen seiner alten Firma
mit Abteilungen der aufgekauften
zusammenlegt?
Rationalisierung ist da nicht nur ein Vorwand.
Angestellte und Arbeiter
unterscheiden sich von Aktien:
wir werden zwar ebenso hin- und herverschoben
wie Aktien, haben aber nicht wie die
einen Wert an sich für die Schieber ...
Jetzt sehr aggressiv, sie ist aufgestanden:
Wieso tut Ihre ach so gepriesene SPD,
die jetzt alle möglichen Leute nur deshalb wählen,
weil sie den Kandidaten der Schwarzen
als Sicherheitsrisiko taxieren:
nichts, nichts, um mit Hilfe des Kartellamtes
überhaupt solche Fusionen zu verbieten?

RIEMENSCHILD, *belustigt, in Wahrheit unerschütterlich zynisch*:
Liebe Frau Kowalenko, haben Sie denn gedacht,
nur weil ich Stadtverordneten-Vorsteher bin,
sähe ich nicht, wie die SPD
ihren ersten Buchstaben ständig verrät?

THOMAS *dreht sich um, aggressiv*:
Tut die CDU das nicht?

RIEMENSCHILD: Nein, die firmiert als christlich,
bekennt sich also

ehrlich zu einem Dogma gegen die Wahrheit:
Christen sind Feinde der Aufklärung,
der Toleranz, des liberalen Geistes, des Körpers.
Doch was macht die SPD mit ihrem S?
Kennen Sie den Unterschied zwischen
einem Griechen und der SPD?

KATIA: Von dir: beide verkaufen sie ihren Vater
– nur der Grieche liefert ihn nicht.

RIEMENSCHILD, *nickt, keineswegs amüsiert*:
Nicht unter den CDU-Kanzlern – nein: unter dem
der angeblich s o z i a l -demokratischen Partei
haben im Katastrophenjahr 78, als die Zahl der
Arbeitslosen die Million überschritt und die
der jugendlichen Arbeitslosen (Studierende
nicht mitgezählt) sieben Prozent erreichte,
und als n e u n t a u s e n d Betriebe des Mittelstands
wirtschaftlich zugrunde gingen:
n e u n t a u s e n d ! –
da haben die drei deutschen Großbanken:
Deutsche, Dresdner, BfG ...

LYDIA: Was heißt BfG?

RIEMENSCHILD: Gewerkschaftsbank ... haben diese drei
d a s unvergleichliche Rekord-G e w i n n jahr
seit Kriegsende erlebt!

LYDIA: Und warum, Herr Riemenschild, repräsentieren
dann S i e in unserem Städtchen diese Partei?

RIEMENSCHILD: Weil ich ohne das rote Parteibuch so wenig
Klinikchef geworden wäre – wie ohne das braune
mein Vater unter Hitler städtischer Förster.

KATIA, *beleidigt*:
Willst du die zwei Parteien heute
vergleichen mit der e i n e n damals?

RIEMENSCHILD: Nicht die Parteien – aber den
Partei z w a n g : die gleiche Nötigung,
sich ihr Abzeichen anzustecken,

wenn man eine öffentliche Pfründe erlangen will ...
Loyalität können Parteien natürlich nicht erwarten,
die so den Beitritt erzwingen.
Ich rede ein bißchen mit in der SPD,
weil ich nicht ebenso entmündigt sein will
wie alle anderen Bürger, die nicht einmal
wie ich regionale Bonzen sind ...
LYDIA: Merkwürdig, daß Ehrlichkeit, wo sie radikal wird,
sich überhaupt nicht mehr von Zynismus unterscheidet.
RIEMENSCHILD: Nicht wahr, das ist bitter! Aber ich habe nie
Vorgesetzte ertragen, daher mußte ich
Chef werden. Doch Chef ohne Parteibuch
wird einer nur noch in Presse und Industrie.
Besser Volksvertreter sein als nur Volk:
denn wäre ich nicht Vertreter
– wer würde mich vertreten?
So aber hat der Oberstaatsanwalt
– natürlich ein Genosse ...
KATIA: Sonst wäre er nicht Oberstaatsanwalt ...
RIEMENSCHILD: Wie du schon lernst, Katia!
– der will nicht, daß ich im Wahljahr
als Killer in Weiß, mit dir, Katia,
durch die Presse geschleift werde,
also hat er das vorliegende Material
als unzureichend für einen Prozeß erklärt:
der Staatsanwalt, der die Anklage gegen uns
vertreten sollte: wird wegbefördert;
die Gerichtsärztin untersteht der Schweigepflicht,
nur über den Oberstaatsanwalt könnte sie
gegen uns vorgehen: ginge der gegen uns vor.
KATIA: Und woher weißt du das so plötzlich?
RIEMENSCHILD: Nie sollst du mich befragen:
ich telefonierte ... ein bißchen,
und das ist nun das Weihnachtsgeschenk,
das ich der Tatsache verdanke,

– sehr zu meiner Verlegenheit –,
daß ich Volksvertreter bin.
KATIA: Auch zu meiner Verlegenheit ...
wenn's auch gut ist,
daß ich wieder ohne Angst schlafen kann.
Nach Stockholm gehe ich trotzdem – Tom!
THOMAS, *hat sich ihr zugewendet, sagt verächtlich*:
Gratuliere dir, Mama – auch Ihnen, Herr Direktor.
RIEMENSCHILD: Ich weiß, daß Sie uns verachten, Tom,
und wünsche Ihnen nur, daß Sie selber nie ...
durch ein solches Verfahren bedroht werden
wie Ihre Mutter und ich ...
KATIA *ist zu dem Weihnachtsbaum hingegangen*:
Bist du wahnsinnig, den Baum
mit Mercedes-Sternen zu schmücken?
Wer Mercedes-Sterne abreißt,
der gehört nach Stammheim!
THOMAS: Und wer Mercedes-Sterne fährt:
gehört wohin?
LYDIA, *reagiert ihr Gereiztsein gegenüber Riemenschild und Katias Machenschaften dadurch ab, daß sie ostentativ zu Tom hält*:
Ich finde Mercedes-Sterne auch am Baum
origineller als auf Kühlerhauben, laßt Tom in Frieden,
komm, Junge, essen wir ...
THOMAS: Darf ich Sie etwas fragen, Herr Direktor?
RIEMENSCHILD: Immer, das wissen Sie, Tom!
THOMAS: Wie gefällt Ihrer Partei ein sogenannt
sozialdemokratischer Kanzler, der den Entwurf
sogar der FDP und seines eigenen Fraktionschefs Wehner,
endlich die Angestellten-Renten den Pensionen
anzugleichen, vom Tisch fegt
... während er weiß, daß manche Beamte
zwanzigtausend Mark Pension im Monat erhalten.
RIEMENSCHILD: Wie Sie das finden, so finde ich das:

ekelhaft.
Alle Hoffnung, daß unser verrotteter Verein
wieder einmal aufhört, nichts weiter mehr zu sein
als eine Beamten-Hierarchie: liegt bei euch Jungen.

THOMAS, *frech*:
Ist das nicht ungeheuer f e i g e
von euch Alten:
Oma, Mama, Sie – höchst etablierte Gutverdiener,
denen niemand etwas zufügen könnte,
würden Sie in die Opposition gehen:
erwarten von höchst gefährdeten Jahrgängern,
die ihr Alten bereits durch Numerus clausus
und Radikalen-Erlaß entrechtet habt:
daß d i e sich durch Opposition
sogar die Chance der Berufsausbildung nehmen,
weil diese Gesellschaft jede Opposition,
die nicht innerhalb des Parteiapparats stattfindet,
als kriminell denunziert!
Die Lüge, wir Jungen seien die Mutigen:
wird systematisch von euch Alten verbreitet,
damit ihr euch drücken könnt von der Verpflichtung,
mutig zu sein – was ihnen allen
dank ihres Etabliertseins viel weniger kostete
und schadete als uns!
Wir J u n g e n k ö n n e n
in dieser Gesellschaft nicht mutig sein!

LYDIA: Wie sollten ich oder deine Mutter, nichtbeamtete,
mutiger sein dürfen als du? Wir flögen.

RIEMENSCHILD: Und ich als Beamter? ... ja, doch:
ein bißchen mehr
als ein Student oder Schüler dürfte ich schon.
Aber wir nehmen natürlich jene Rücksicht,
die Talleyrand formuliert hat: ein verheirateter Mann,
der Familie hat, ist stets bereit,
für Geld alles zu tun.

THOMAS: Trifft das auch auf Sie zu?
RIEMENSCHILD: Selbstverständlich, und meine Ehrlichkeit,
das zuzugeben – wenn auch nicht öffentlich –,
ist das Zugeständnis, das ich meiner Eitelkeit mache.
Von uns Alten ist nichts zu erhoffen:
kein einziger deutscher Angestellter, meines Wissens,
hat gegen meine Partei aufgeschrien,
als neulich ruchbar wurde,
was Sie, Tom, da als Beispiel brachten:
daß der Kanzler Wehners und der FDP-Entwurf,
die Angestellten nicht weiterhin zu entrechten,
zerrissen hat.
THOMAS: Wo außer in seiner Wohnküche, hätte ein
Angestellter aufschreien sollen – wo?
Die haben ja nicht mal eine überregionale Zeitung.
Hätte er das in Ihrer Partei gedurft?
RIEMENSCHILD: Natürlich nicht, daher ich sagte:
alle Hoffnung liegt bei euch Jungen ...
wenn ihr nicht nur Happenings macht wie da!
Er zeigt auf den Weihnachtsbaum.
THOMAS: Was könnten wir sonst tun?
RIEMENSCHILD: Sie werden mich nicht verraten?
THOMAS: Sie wissen, ich nenne Sie nicht.
RIEMENSCHILD, *duzt ihn plötzlich*:
Entschuldige, ja, ich weiß das.
Also – nicht Mercedes-Sterne abreißen,
sondern Mercedes-Wagen anzünden:
macht's wie in Paris 1968 ...
Pariser Zustände setzen nicht nur Zeichen,
sondern versetzen die Macht-Inhaber in Schrecken
– in Angst vor der Straße:
und diese Angst allein kann einer verkrusteten Staatsform
Gehör abzwingen, alle zwanzig, alle fünfzehn Jahre
muß das erneut geschehen ...
im kleinen für den Staat;

so wie im großen für eine ganze Zivilisation;
der sehr alte Goethe hat auf eine neue Sintflut gehofft,
die allein, wie er sagte, fähig sei,
die Welt zu einer «neuen Schöpfung
zusammenzuschlagen» ...
Es geht nicht anders, schafft Pariser Zustände!
Der Staat geht davon nicht kaputt,
er soll ja auch nicht kaputtgehen, wir sind alle
seine Nutznießer, aber sehr wenige
sind es ein bißchen zu sehr.
Dieser Staat – da haben Sie leider recht, Tom,
zahlt Inhabern großer Anwaltspraxen,
wenn die zugleich Landtagsbonzen waren:
dreiundzwanzigtausend Mark Monatspension
– weg damit!

KATIA, *die Riemenschild mit den Augen streichelte, während er so radikal redete*:
Und du bist ganz sicher, Paul,
daß du nicht nur deshalb Tom aufhetzt,
um mir Eindruck zu machen?

RIEMENSCHILD: Im Gegenteil: ich bin ganz sicher,
daß ich auch dir damit Eindruck machen will
– wie übrigens auch mir selber:
radikal reden hält immer noch jünger
als nicht einmal mehr das zu tun.

LYDIA, *gibt ihm die Hand*:
Kommen Sie nach ins Steakhouse König Gustav!

THOMAS: Ja, Oma, gib mir deinen Arm und führe mich:
ich kann vor Hunger nicht mehr gradeaus gucken!
Riemenschild hat Lydia die Tür geöffnet, Thomas nimmt ihm den Griff ab und fragt, seinen Parka anziehend:
Wenn wir zuerst in Ihrer Klinik anfingen,
Pariser Zustände herzustellen, was ...

RIEMENSCHILD: Ich würde die Polizei gegen euch
alarmieren: Kliniken laßt in Frieden,

fangt in Gerichtssälen an oder in Theatern.
Nein, auf Ämtern, auf Ämtern, aber verwundet keine lohnabhängigen Polizisten.

THOMAS: Wie vernichtet man den Computer,
der unsere Bevölkerung
in Beamte und Nichtprivilegierte aufteilt?

RIEMENSCHILD: Darüber denken wir getrennt nach, Tom:
an Heiligabend!

THOMAS: An Heiligabend? – das paßt, danke.

RIEMENSCHILD *hält ihn zurück, der die Innentür von außen schließen will*:
Tom, Ihre Mutter, Ihre Großmutter, Ihr Vater – ich:
wenn Sie erlauben, zittern um Sie
wegen Ihrer Scheiß-Motorrad-Rasereien.
Denken Sie bitte auch darüber nach, ob Sie nicht
nur deshalb wie ein Verrückter fahren,
weil Sie kein vernünftiges, sprich:
politisches Ziel haben?

THOMAS, *resignierend, uralt wie die meisten seiner Jahrgänger*:
Ziele haben wir schon – aber keine Plattform,
sie vorzutragen;
halten Sie Parteien für demokratisch, Herr Direktor,
die mit einer Fünf-Prozent-Klausel
jeden Nachwuchs aussperren,
der sich nicht so anpaßt, daß er sich im herrschenden
Parteiapparat hochdienen kann?

RIEMENSCHILD: Nein – insofern ist die moralische
Entrüstung unserer zwei Staatsparteien
gegen die nur eine drüben:
so pharisäerhaft wie alle Propaganda.
Um so mehr, als ich natürlich weiß,
wie viele rote und schwarze Genossen hier:
schon darauf gehofft haben, diese Fünf-Prozent-Klausel
werde auch noch den kleinen Dritten im Bunde,

die FDP, vernichten. Gute Nacht, Tom.
Er schließt die Türen, wendet sich an Katia, umarmt sie, was sie – noch – nicht will; abgedrängt sagt er:
Der Prozeß niedergeschlagen – und hundertmal
dich um Verzeihung angewinselt: was, Katia,
soll ich noch tun? eine dämliche Scheidung?

KATIA: Ach, Paul – du bist so ...
Ich kenne ja deine faule Ausrede:
man kriegt nur einen anderen Partner,
aber die gleiche Ehe.

RIEMENSCHILD: Guck dir das mal an, Heiligabend, wenn
Tom über Pariser Zustände nachdenkt ...

KATIA: Und du mit deiner Frau
unterm Weihnachtsbaum sitzt.

RIEMENSCHILD: «Liegst»: bin schon froh, daß du nicht
vermutet hast: unterm Weihnachtsbaum liegst
... mit meiner Frau.
Komm, komm doch endlich!
Er hat sie zur Couch hingedrängt, sie sitzen da. Er hat seiner Rocktasche ein in feines, buntes Seidenpapier samt Schleife eingepacktes, sehr kleines Buch entnommen:
Das ist der Göttinger Damenkalender
auf das Jahr 1792: mit vielen Stichen von
Chodowiecki und Lichtenbergs Glossen
über Garrick, den Schauspieler –
der fehlte dir doch noch ...

KATIA *blättert, küßt ihn dann:*
Wunderschön – und wo hast du den gefunden?

RIEMENSCHILD: In Boston gekauft ...
gesucht wie von Interpol.
Er küßt sie, sie legt sich zurück –

KATIA: Erst muß immer die Neugier befriedigt werden:
ich will's wissen, wie du's gedreht hast,
daß der Prozeß niedergeschlagen wurde.

RIEMENSCHILD: Wozu? – ich drehe gar nicht,

ich halte mir Dreher.
Er lacht, diese Angeberei selber ironisierend. Leiser, während er ihr ein gefährlich spitziges Armband abzieht:
Mit diesem goldenen spitzigen Ding hast du mich
beim letztenmal derart gekratzt ...

KATIA, *lacht*: Wo denn, um Gottes willen!

RIEMENSCHILD: Das kannst du gleich noch sehen ... daß ich
kaum den ehelichen Verhören entkam,
die der Kratzer auslöste ...

KATIA: Also sag mir erst:
wie hast du's gemacht, den Prozeß niederzuschlagen?

RIEMENSCHILD, *küßt sie*:
Mußt du davon jetzt reden! Also die Klinik,
nicht wir beiden ... tritt als Entschädiger auf,
die Eltern der armen Reiterin kriegen Geld.

KATIA, *die sich hingelegt hat, er hat ihr Armband weggelegt und macht ihr das Kleid auf*:
Wieviel? Friseure sind die – oder?

RIEMENSCHILD: Achtzigtausend Mark und den Maulkorb:
sie quittieren den Verzicht, darüber zu reden.

KATIA: Aber ihr Freund, dieser wildgewordene Juso
und sein ach so christlicher Papa:
wie bringt man die zur Ruhe?

RIEMENSCHILD, *im Begriff sich auszuziehen*:
Die waren ja noch nicht verwandt mit dem Mädchen,
die können einen Artikel über uns schreiben
– doch uns nicht anzeigen, komm jetzt!

KATIA *ist rasch aufgestanden*:
Nicht hier, mein Bett ist drüben.
Und ist schon an der Tür. Wie er ihr folgt, ihr den Vortritt lassend, erscheint sie noch einmal zwischen Außen- und Innentür und sagt:
Da – bring das mit, das Armband.

Vorhang

Fünfter Akt

«In Japan und Amerika haben nach einem Bericht der *Münchner medizinischen Wochenschrift* erste Behandlungsversuche mit künstlichem Blut stattgefunden. Wie die Zeitschrift in ihrer neuesten Ausgabe meldet, hat eine japanische Firma ein Kunst-Blut entwickelt, das die Fähigkeit zum Sauerstofftransport für etwa 72 Stunden behält. Allerdings fehlen ihm andere Eigenschaften des Blutes wie zum Beispiel die Fähigkeit zur Gerinnung. Die Substanz, so heißt es in dem Bericht weiter, wurde zuerst in tierexperimentellen Versuchen getestet. Praktisch entblutete Tiere hätten damit am Leben erhalten werden können. Nach weiteren Versuchen auch mit Menschen, bei denen keine Nebenwirkungen aufgetreten seien, hätten inzwischen etwa 75 Patienten in Japan das Präparat erhalten.»

Basler Zeitung, Juni 1980

Intensiv-Station im Spital einer österreichischen Landeshauptstadt. Wieder der gleiche Grundriß wie im ersten, zweiten und vierten Akt: ein größerer Raum, der ein Dreibettzimmer ist; daneben ein kleinerer, der Vorraum, mit einem Waschbecken, Apparaturen, einem Untersuchungsbett auf Rollen; neben dem Waschbecken drei Plastikflaschen, an der Wand befestigt, Hals nach unten: Desinfektionsmittel. Haken mit grünen Kitteln, die jedermann anzuziehen hat. Anders als im ersten, zweiten und vierten Bühnenbild ist hier der größere der beiden Räume, der, in dem die Betten sind, noch durch eine Glaswand von einem nicht schmalen Gang an der Rampe abgetrennt. Auffällig, daß auf der IPS (Intensiv-Pflege-Station) keine Stühle stehen, abgesehen von dem einen draußen neben dem Waschbecken; keine Stühle – denn gestorben wird auch auf der IPS allein, ohne Beisein von Angehörigen.

Werner steht ganz links am nachtschwarzen Fenster, das ihn widerspiegelt, direkt an Toms Bett, das heißt: vom Parkett aus gesehen hinter der Beobachterwand. Katia steht rechts neben dem rechten Bett, in dem jetzt Toms Klassenkamerad stirbt, auch innerhalb des Betten-Raumes. Sie beugt sich horchend, doch ohne Stethoskop, über ihn. Das Gesicht dieses Jungen ist vom Parkett aus nicht zu sehen; nur der Kopfteil des Betts, in dem Thomas liegt, ist ein wenig angehoben, Tom ist am Kopf nicht verletzt, doch sein Leidensgenosse im linken Bett – vom Parkett aus – ist am Kopf bandagiert und liegt flach, fast nicht zu sehen. Tom ist tracheotomiert, zu deutsch: er hat einen Luftröhrenschnitt, damit er nicht erstickt.

Alle drei haben Sonden in der Nase. Über jedem Bett Monitore und Versorgungsschläuche und Kabel – ein Gewirr, das belebt wird durch grüne und rote Lichtsignale, die auf den Monitoren aufscheinen. Alle drei intubiert. Keiner der drei ist bei Bewußtsein. Die Patienten sind angeschlossen an: EKG-Apparat; Beatmungsapparat; Magen-Sonde; Urinka-

theter; arterielle Kanüle für Blutdruck und Blutgase; Subclavia-Katheter für Infusionen; Medikamentengabe und Venendruckkontrolle.

WERNER, *Blick auf die Uhr, sagt zu Katia*:
Willst du dich nicht wenigstens
zwei Stunden hinlegen, ich ruf dir ein Taxi.

KATIA *macht sich hoch, deutet zunächst nur mit den Augenbrauen auf den Jungen und sagt*:
Ruf erst den ... den Mann da:
der Blutdruck sinkt.

WERNER *hat reagiert, geklingelt, sagt aber*:
Den ruft schon der Apparat.

Das hört man; einer der Monitore pfeift – vielmehr: piepst, sehr laut, die Lichter über den Türen leuchten grün auf, ein ständiges Blinken. Das bedeutet: die eingegebenen Limiten wurden über- oder unterschritten ...

Noch ist der Arzt nicht hereingekommen. Die Eltern blicken auf den Monitor über dem Bett Toms.

KATIA, *unbeherrscht, ein Ventil*:
Wo bleiben die denn?

WERNER, *ganz nahe an dem Jungen, völlig verzweifelt*:
Da i s t doch keine Eile mehr!

KATIA: Hätten wir nicht seine Eltern anrufen müssen?

WERNER: Hat die Schule getan,
doch wozu – kommen konnten die ja doch
so schnell nicht!

KATIA *blickt auf ihren Sohn, dann auf den Monitor über seinem Bett, ihre Augen sind verschwollen, doch sie weint nicht mehr; sie fühlt Toms Puls*:
Sein Puls – ganz flach!

Werner sieht sie an, zuckt mit der Schulter, als wolle er sagen: ja, wieso nicht! Doch er sagt nichts.

WERNER: Wo bleibt dieser Schuft,
der an Schwerstverletzten experimentiert!

Die Schwester tritt ein, sehr rasch: deren Regisseur kann nur eine ausgebildete Schwester sein, sofern nicht – sie arbeitet stumm – überhaupt ihre Rolle von einer Krankenschwester übernommen wird. Sie tut das übliche, routiniert: zuerst wendet sie sich, da Werner mit einer Handbewegung auf den Sterbenden zeigt, dessen Bett zu, macht eine resignierende Hand- und Schulterbewegung, drückt nochmals auf die Handalarm-Klingel, dreimal, man hört dieses dreimalige Klingeln, sie blickt auf den Monitor und tut – nichts. Sie hat nichts mehr zu tun. Jedenfalls nicht an diesem Bett.

Der «Hausherr», der auf weichen weißen Schuhen lautlos eintrat, sieht aus wie ein fetter Engel: blondes Haar wie Daunen so weich, rosig, rund, Anfang Vierzig, Schlitzaugen, deren Himmelbläue, eben weil sie Schlitze sind, nur selten zu sehen ist; Anton Zillner hat die sanfte Stimme vielgeprüfter Unschuld; gegenüber Patienten und Angehörigen ist er sonst huldvoll, doch hütet er sich heute, diesen Ton «aufzulegen» – vor Katia hat er körperlich Angst, und mit Grund. Er spricht einen sehr ausgeprägten Grazer Dialekt, fast unfähig, Hochdeutsch zu reden. Die Schwester hinter ihm hat gar nichts zu sagen ... höchstens in klebriger Geducktheit «Herr Primarius» ... wie Zillner von seinem «Personal» anzureden ist.

ZILLNER: Entschuldigen Sie, ich konnte nicht sogleich – der Bus-Schaffner ist soeben gestorben.
Der Lehrer hat aber –

Werner hat ihn durch einen Wink an das Bett rechts dirigiert, Zillner schweigt, blickt auf seine Uhr, auf den Monitor; dann guckt er die Pupillen des Jungen an, leuchtet mit einer kleinen Taschenlampe hinein, murmelt Unverständliches, wiederholt dann laut, an Werner gewendet, hilflos:
Weit und lichtstarr.

Eine Kopfbewegung zur Schwester, die weiß, was sie tun muß: den Teil des Zimmers, wo das Totenbett steht, ein

wenig abdunkeln, den Toten «abnabeln» von den Schläuchen, die Infusionsapparate abstellen, ihm die Augen zudrücken, den Kiefer hochbinden; der Primarius herrscht die Schwester an, um seine Verlegenheit vor den Kollegen, die zudem die Eltern eines seiner Opfer sind, zu verbergen:
Schwester?

SCHWESTER: Herr Primarius – ordnen an?

ZILLNER: Die Eltern! – sind die informiert?
Schwester guckt ihn fragend an, so eingeschüchtert, daß schneller als sie

WERNER *antwortet*:
Natürlich – aber vierzehnhundert Kilometer!

KATIA, *in der es «arbeitet», sie steht so, daß Zillner vorsichtshalber seinen Standort wechselt, offenbar in Kenntnis ihres «Temperaments»; es müssen schon Auseinandersetzungen zwischen ihnen stattgefunden haben*:
Nun tun Sie doch was, Herr Zillner,
stehen Sie da nicht rum wie der letzte Trottel!

WERNER *faßt sie am Ellbogen, als müsse er verhindern, daß Katia Zillner ohrfeigt*:
Katia – es ...

ZILLNER, *den die Schwester angeschaut hat, als müsse sie zuspringen, ihn zu verteidigen, zieht sich im Verlauf dieses Kampfes immer weiter Richtung Vorraum zurück, weg von den Sterbebetten, bleibt aber noch immer im Bettenzimmer*:
Sie wissen, Frau Kollega, ich kann nur warten.
Ich –

KATIA: Ich nicht – ich hab nicht gewartet,
sondern Sie bereits angezeigt und sorge dafür
– beinah hätte ich gesagt: beim Leben meines Sohnes
nein: bei seinem Tod, ich schwöre, werde ich verhindern,
daß hierzulande die Anzeige
vertuscht, verlocht wird,

nur weil ich Ausländerin bin.

ZILLNER, *vorsichtig noch einen Schritt zurücktretend, dann aber mit Hohn*:
Sie haben Übung darin, eine Anzeige zu vertuschen!

KATIA: Was! Ich schlage Sie ins Gesicht ...

ZILLNER: Hier vor diesem Toten – das?

KATIA: Ihr Töten steht hier zur Debatte, Ihr Verbrechen,
diese sieben schwerstverletzten Kinder aufzuteilen
in vier, denen Sie mit Blut helfen
und die daher überleben werden, vermutlich
– und in drei, denen Sie Ersatz gaben statt Blut,
obwohl Sie genug im Hause hatten!
Sie schrie zuletzt, sie weint auf, unfähig weiterzureden, stützt sich auf das Bettgestell Toms, klammert sich verkrampft daran fest. Die Schwester hat den Toten zugedeckt und löst jetzt die Bremse und fährt dann, wobei Werner ihr an der Tür hilft, den Gestorbenen hinaus.

WERNER *sagt kalt und drohend*:
Den Beweis haben wir schon, daß Sie tatsächlich
Naturblut genug im Hause hatten
– ich hab noch gestern abend
zwei Ihrer Schwestern befragt,
Böblinger war Zeuge.

ZILLNER, *kleinlaut und dumm*:
Kommt davon, daß man aus Kollegialität
Eltern frei herumlaufen läßt in seinem Haus.

WERNER: Sehr kollegial, daß Sie meinen Sohn umbringen,
um eine vergleichende Untersuchung zu publizieren!
Wieso mußte grade Tom das Pech haben,
in Ihre Testgruppe zu fallen.

ZILLNER, *idiotisch, aber fachlich «korrekt»*:
Ich konnte diesem Eingelieferten nicht ansehen,
daß er Sohn und Enkel von Ärzten ist!

WERNER: Sind Sie so zynisch oder so idiotisch,
uns zu unterstellen,

wir wollten allein für *unseren* Sohn
Therapie statt experimenteller Spielchen!
Er sagt so leise, wie man an Sterbebetten redet, daher es beeindruckend ist:
Das waren ehrlichere Zeiten, als man
einen wie Sie noch zum Duell fordern konnte.

ZILLNER: Warum fordern Sie nicht Ihren Piloten,
diesen, wie ... heißt er: Direktor Böblinger
oder: gleich Ihre eigene Mutter,
... die uns solches Zeug aufgeschwätzt hat!

KATIA, *dicht vor ihm, wäre nicht Werner, sie würde vermutlich zuschlagen, leise:*
Ich warne Sie ... meiner Mutter hier was
anhängen zu wollen, die –

ZILLNER, *an Katia gewendet:*
Arbeitet die nicht – sagten Sie doch gestern;
für diesen Konzern ...

KATIA: Sie haben diesen Dreck, mit dem Sie
unsere Kinder töten, aus den USA!
Was kann meine Mutter dazu,
daß Böblinger als – ich weiß nicht:
siebte Firma zu seinen sechs anderen Fabriken
... diese amerikanische voriges Jahr dazugekauft hat.
Lenken Sie nicht ab –
Die Schwester, die den Toten nur in den Gang hinausfuhr, kommt jetzt zurück und bleibt. Während Zillner sich verteidigt – die ganze Zeit –, ist die Schwester an den zwei Betten intensiv beschäftigt; sie wechselt einen Urinsack aus, sie saugt einen Tubus ab, sie mißt die Atemfrequenz, und Atemzugsvolumen, führt die Kurven nach (Puls, Blutdruck, Zentralnervendruck, Temperatur), sie holt neue Infusionsflaschen (Flaschengeklirr), sie spritzt eine Flüssigkeit – ein Antibiotikum – in die Infusionsflaschen, und wird zweimal von Zillner angeredet, worauf sie so stumm wie beflissen reagiert: «Die Kurve» – die holt sie

dann aus dem Vorraum. Und «Wieviel scheidet er aus?» – diese Frage, als sie an dem Bett rechts den Urinbeutel auswechselt. Sie hält ihn Zillner hin, der durch diese Zwischenfragen seine Verteidigungsreden kaum unterbricht. Die beiden EKG-Apparate arbeiten ohne Pause, ihr Piepsen ist die eigentliche Sterbemusik, die zwei Beatmungsgeräte – zwei, weil nun der dritte abgestellt wurde – «pflupfen» ... Blasebalge. Monitore zeigen die Herzstromkurve: huschende Lichtpunkte, die eine Leuchtspur hinterlassen.

ZILLNER: Das, finde ich, tun Sie: ablenken ...
ich weiß nicht erst von Böblinger,
sondern aus der Laienpresse,
weil ja die Fachpresse in Deutschland
dergleichen stets unterschlägt:
daß Sie doch selbst in Ihrem Spital
durch Lungenbiopsien öfter
(dreimal wurde es ruchbar) einen Exitus hatten,
der mindestens umstritten ist.
Natürlich wußte ich Ihren Namen nicht mehr,
als Ihr Sohn eingeliefert wurde.
Böblinger erzählte heute früh,
das Verfahren gegen Sie
oder Ihren Chef sei niedergeschlagen –

KATIA *nicht verlegen, sondern so selbstbewußt wie jedermann, der Grund hätte, es nicht zu sein; völlig unfähig, in Zillners Handlungsweise die ihre wiederzuerkennen*:
Absurd Ihr Vergleich, unverschämt;
diese Patientin hatte ein schweres
Schädel- und Hirntrauma:
wagen Sie nicht, die in einem Atem zu nennen,
mit Unfall-Verletzten, die wie mein Sohn
nicht einmal eine Hirnverletzung hatten,
nur Knochenbrüche –

ZILLNER *hat geklingelt, sagt höhnisch*:
«Nur»? – Sie scheinen gar nicht zu wissen,

wo Ihr Sohn gesessen hat,
als der Bus in die Schlucht stürzte!
Er saß ja vorn beim Fahrer, ja –
Ihr Sohn war … ist ein Polytraumatisierter.
Er war offenbar eingekeilt … Die üblichen Verletzungen
durch die Frontscheibe haben ihn nicht
am Kopf erwischt, sondern seine unteren Extremitäten;
daher die furchtbare innere Blutung,
die rupturierte Milz …

WERNER *unterbricht ihn in höchster Gereiztheit*:
Das wissen wir alles seit gestern um elf:
reden Sie doch nicht pausenlos Überflüssiges
– wir sind nicht Ihre Studenten!

KATIA, *verächtlich*:
Studenten hat der ja noch keine:
die will er ja erst kriegen durch seine Versuche
an den Kindern hier!

Lydia tritt hastig vor Böblinger ein, beide offensichtlich direkt vom Flugplatz kommend.

Katia sieht sie zuerst, weint und wankt an ihre Mutter, die nur gefragt hat –

LYDIA: Und?

Lydia und Katia halten für die Dauer einiger Atemzüge einander fest, unfähig zu sprechen; Lydia nötigt Katia dann auf den Stuhl, der da im Vorraum neben dem Waschbecken steht. Werner hilft Lydia aus dem Pelz, sie hat schon begonnen, sich die Hände zu waschen, dann zieht sie – Werner hilft ihr – den grünen Besucherkittel an, ebenso wie Böblinger, der das zuerst tut und sich dann die Hände wäscht.

Bevor sie vor die Glaswand treten, fragt Lydia, während noch Böblinger die Hände wäscht:
Was ich noch immer nicht verstehe, wieso dieser Bus
– für Post-Busse, sagtest du, ist doch auch
die Straße breit genug?

WERNER: Post-Chauffeure kennen diese Kurven,
Fahrer aus dem Ausland – kennen sie nicht.
Der Busfahrer ist schon gestorben.
Katia, so erzürnt, daß sie dadurch fast wieder zu Kräften kommt; sie sitzt seitlich auf dem Stuhl, den Kopf an dessen hohe Lehne gelehnt; sie durchschaut, warum Lydia die ablenkende Frage stellte –
KATIA: Was soll euer Gerede ... nun dreht's nicht noch so,
als sei der Busabsturz schuld ... den
hätten ja alle überlebt, die noch ins Spital kamen,
aber nicht euer Kunstblut, Herr Böblinger!
Böblinger dreht sich ihr zu, zuckt mit der Schulter, gibt ihr recht, kann aber nichts reden. Vermittelnd sagt
WERNER: Was soll das jetzt, Böblinger hat diese Fabrik
... wann haben Sie die gekauft?
BÖBLINGER: Vor acht Monaten und die Filiale
in San Francisco,
die dieses verdammte Kunstblut macht:
hab ich überhaupt noch nicht betreten.
Anderen hat unser Kunstblut geholfen!
Während die Männer sprechen, gehen die Frauen – sie brauchen, vor der Glaswand stehend, einen Augenblick, sich zu überwinden – zu Tom und seinem Freund; dort steht am Bett auch Zillner, der sich eingeschüchtert vor Lydia verneigt, die ihn nicht beachtet.
Zu Böblinger, der die Hände trocknet – sagt
WERNER: Ja, Schuld ist der Schuft,
der hier an Schwerstverletzten experimentiert.
Werner geht jetzt auch aus dem Vordergrund um die Glaswand herum zu den Betten; als vertreibe der ihn – geht Zillner ostentativ an ihm vorbei hinaus zu Böblinger; die Familie steht schweigend im Hintergrund am Bett von Tom.
Zillner bedeutet Böblinger durch eine Kopfbewegung, er möge ihm einige Schritte bis in den Waschraum folgen.

Sich zu verteidigen, sagt er so aggressiv wie er bisher zu keinem Angehörigen sprach –
ZILLNER: Herr Direktor, ich will jetzt ...
da ich das Haus voll habe,
keine Zeit im Gespräch mit Ihnen vergeuden,
lediglich festhalten will ich:
daß Ihr zweiter Anruf heute früh aus Frankfurt
ein gerichtliches Nachspiel haben wird.
BÖBLINGER: Hoffe ich, hoffe ich: die Michelsbergs haben
Sie sowieso schon angezeigt oder tun das heute.
Eltern anderer Kinder, die Sie Ihrem sogenannt
«wissenschaftlichen» Ehrgeiz geopfert haben,
werden sich der Klage anschließen.
ZILLNER, *mit Hohn, sehr gelassen, was die Folgen für ihn betrifft*:
Wie gesagt, ich habe Drängenderes zu tun,
als über ein Gerichtsverfahren nachzudenken;
denken lieber Sie, der Sie ja hier nur herumstehen,
darüber nach, wie dann vor Gericht das,
was sich hier dank Ihres Kunstblutes zutrug
an Katastrophen: für Ihre Firma ausgehen wird!
Ich werde mich nämlich auf die Dokumentation
berufen, die mir vom Vertreter Ihrer Firma ...
BÖBLINGER: War noch gar nicht meine Firma,
als Sie diese Dokumentation erhielten!
ZILLNER: Schnuppe, völlig schnuppe:
Der Vertreter Ihres Konzerns hier in Österreich,
Herr Dr. Szabo in Wien ... hat mir ... hat anderen sicherlich
auch hierzulande ... diesen Dreck angedreht,
mit einer Dokumentation,
der ich entnehmen durfte,
daß Dutzende vor mir bereits
dieses Ersatzblut angewendet haben ...
BÖBLINGER: Ich kenne die Dokumentation noch nicht ...

ZILLNER, *laut, fast schreiend, uneingeschüchtert*:
Schlimm genug!
BÖBLINGER: Doch bin ich überzeugt ...
ZILLNER: Habe schon geklingelt, daß sie hergebracht wird.
BÖBLINGER: Kümmern Sie sich um Ihre Patienten
– bin überzeugt,
daß sie aus unserem Firmen-Dossier
unmöglich die Indikation zwingend
ableiten konnten, an der da nun
diese Kinder sterben – Arzt sind Sie und wissen,
bei solchen Firmen-Papieren handelt es sich
um Empfehlungen, um nichts als ...
als Empfehlungen, die jeweils konkret
am Einzelfall ...
Die Schwester hat Zillner die Dokumentation gebracht, in Wut will er sie weiterreichen an Böblinger, wirft sie ihm aber vor die Füße, der sie natürlich nicht aufhebt, so daß endlich die demütig dumme Schwester sich bückt, ohne zu riskieren, einem der beiden Männer die Papiere hinzuhalten.
ZILLNER, *während er die Papiere noch in der Hand hält*:
Ich durfte, ich mußte dem
... den Fälschungen hier entnehmen,
daß bisher nicht nur von meinesgleichen,
von ... von nur ... nur von einem namenlosen
Primarius wie ich einer bin,
sondern von Kapazitäten,
die mich glauben machten, jawohl:
mich glauben machten, daß ...
und habe ich mich ja auch keineswegs
nur auf diese Begleitpapiere verlassen,
sondern auch der Kongreß voriges Jahr in ...
LYDIA *hat aus dem Glasgehege, in dem die Betten stehen, schon zweimal hingeschaut zu der Auseinandersetzung im Vordergrund; jetzt nimmt sie den Rest ihrer Kraft und*

Fassung zusammen, um «einzuschreiten» – der fürchterliche Schock, soeben an Toms Bett gesehen zu haben, was sie zwar bisher aus Telefonaten schon wußte: aktiviert sie ein letztes Mal vor ihrem Absturz in die schweigende Verzweiflung; unbewußt spricht natürlich auch eine seelische Selbstschutzbemühung mit, wenn sie jetzt allein auf den Primarius abzuschieben sucht, woran sie alle ihren Anteil haben – alle, außer dem Vater Toms:

Kongreß? ... Herr? ... jetzt also
ist es der Kongreß in Den Haag,
auf den Sie sich berufen, gestern abend,
als ich Sie anrief aus Toronto,
war angeblich die Dokumentation der Amerikaner
für Sie bestimmend gewesen,
Ihre Spielchen mit dem Ersatzblut
an den Kindern zu treiben!
Meiner Tochter, höre ich, haben Sie sogar erzählt,
nicht Ihr Ersatzblut ...

ZILLNER: Das ist nicht meines, sondern Ihres:
das Produkt Ihrer Firma.

LYDIA: Ich hatte mein Lebtag mit diesen Amerikanern
noch nichts zu tun –
... nicht das Ersatzblut, haben Sie
plötzlich entdeckt, bringt die Kinder um,
sondern der Bus-Absturz.
Aber je schlimmer sie den ausmalen:
desto weniger können Sie verantworten,
daß Sie sogar an derart Lädierten
Ersatzblut ausprobiert haben!
Sie müssen Auskunft geben, vor Gericht ...

ZILLNER: Wenn Sie den Operationsbefund gesehen hätten,
gesehen hätten, daß ich zwei Liter Blut
vorfand in der Bauchhöhle ... noch nie ...

Werner tritt hinzu; am Bett ist allein Katia. Hin und wieder auch die Schwester.

Ich hab überhaupt noch nie ein solches
Hämatoperitoneum gesehen: und es war alles
– andere als ein Kinderspiel, sich zurechtzufinden,
selbst nach der Splenektomie; und der
präliminären Blutstillung.
Ich hab schließlich vorausgesehen, daß Ihr Enkel
während der Operation bis zur definitiven Hömostase
noch einiges Blut verlieren würde.
Das habe ich doch vorausgesehen! Und da wir
nur noch über zwei Flaschen verfügten –

WERNER: Da stehen ja jetzt noch fünf!

ZILLNER, *ebenso schroff*:
Woher wissen denn Sie, ob die nicht nachträglich
hier ankamen? Ich habe Ihrem Sohn dieses
Oxiport 50 gegeben – und es war ja durchaus
der weitere Verlauf der Operation
– ich operierte über drei Stunden –
ohne besondere Vorkommnisse.
Neben der Splenektomie hatte ich ja noch mehrere
Mesenterial-Risse zu versorgen.
Bei der Ausleitung der Narkose fiel es dann
meinem Anästhesisten auf, daß Thomas nicht
die üblichen Reflexe wiederbekam
und seine Pupillen weit und lichtstarr waren ...
unter diesen Umständen war an eine Extubation
gar nicht zu denken ... man mußte ihn also
weiter künstlich beatmen ...

LYDIA: Wo bleibt der Neurologe, der überprüft,
auch apparativ, wie weit noch
Hirntätigkeit vorhanden ist;
erst dann können wir doch etwas sagen
über Reversibilität und Prognosen.

WERNER, *trostlos, er faßt sie am Arm*:
Es war doch schon einer da, Lydia,
heut früh: nichts mehr – n i c h t s.

ZILLNER, *nach einem Schweigen, während dessen Lydia Werner mit einem Entsetzen ansah, daß der Einsicht «ins letzte» entstammt*:
Ich kann mir nichts anderes vorstellen,
... als daß Ihr Oxiport 50
diese Veränderungen hervorgerufen hat.
LYDIA, *leise*:
«Veränderungen!»
ZILLNER: Es ist nicht meine Schuld, daß bisher leider die
... die ganze Gefährlichkeit im Sinne einer ...
einer allergischen Reaktion nicht beschrieben wurde.
Ob der unbemerkte Narkose-Zwischenfall ...
Natürlich werden wir alles tun, um abzuklären,
wie es dazu kam ... unter anderem durch Einschaltung
auswärtiger Experten werden wir das ... abklären.
LYDIA: Das gibt dann für Sie, Herr ... Herr ...
wieder eine neue, karrierefördernde Publikation:
«Zillner et al., Allergic Reactions on Oxiport 50».
Sehr gelassen reden sie schon über das,
was sie post festum noch zu veranstalten gedenken:
was tun Sie jetzt?
BÖBLINGER, *schon um hier wegzukommen*:
Ich telefoniere jetzt noch einmal mit
Langemann in Düsseldorf – und fliege ihn her!
WERNER: Wozu noch – warten Sie.
BÖBLINGER, *froh, dazu einen Vorwand zu haben; er zieht am Waschbecken den grünen Kittel aus*:
Telefonieren will ich doch immerhin mit ihm.
ZILLNER: Selbstverständlich können Sie, wie Herr Direktor
Böblinger mit seinem Flugzeug es anbietet,
Langemann aus Düsseldorf herholen oder
Ihren Sohn in eine größere Klinik bringen,
wenn Sie denken, daß dort mehr geschehen kann.
WERNER, *doch nur noch, um seine Hoffnungslosigkeit abzureagieren*:

Nein, das denken wir ja nicht, daß noch mehr
«geschehen» kann als das,
was Sie geschehen ließen!

ZILLNER: Haben Sie schon einmal in Ihre Praxis
auf einen Schlag zwanzig mit einem Bus
fünfzehn Meter tief Abgestürzte eingeliefert gekriegt?

WERNER: Nein – doch sind ja Sie nicht der einzige
Arzt dieses großen Hauses, ich hoffe nur:
der einzige gewissenlose. Denn wenn Sie auch nicht
– gestern sicher sein konnten,
wie viele Transfusionen noch nötig würden:
so konnten Sie doch sicher sein,
trotz der hier landesüblichen Schlamperei,
heute genug Blut heranschaffen zu können,
Sie hatten das Recht nicht,
– und das wird gerichtlich festgestellt werden,
an diesen drei Jungen mit Kunstblut
herumzuspielen ... ich –
Zu erschüttert, um weiterreden zu können, wendet er sich ab, Katia zu, an Toms Bett gehend. Allein mit Zillner, der auch im Begriff ist abzugehen, fragt inquisitorisch

LYDIA: Sagen Sie, Herr ... Herr ... wie viele Patienten
haben Sie überhaupt eigentlich schon mit
Oxiport 50 behandelt?

ZILLNER: Selbstverständlich.

LYDIA: Ich fragte nicht, ob – ich fragte: wie viele?

ZILLNER, *bewußt unbestimmt*:
Ich habe nicht unbeträchtliche ... Erfahrungen damit:
darf ich auch Ihnen eine Frage stellen,
vertuscht Ihre Firma bewußt,
daß zuweilen, um nicht zu sagen: häufig
anaphylaktische Reaktionen durch dieses
Präparat verursacht werden?
Die Literatur legitimiert uns Kliniker
freilich, das ... das Zeug anzuwenden:

aber sind Sie sicher, auch jetzt noch,
daß Verlaß ist auf diese Literatur?

LYDIA: Mir fällt auf, wie sehr Sie, Herr ...
meiner Frage ausweichen:
welche Erfahrungen Sie bisher damit gemacht haben!

ZILLNER: Ich habe ... Sie hören, ich werde heute wirklich
noch woanders auch verlangt
... gute und schlimme, gute und schlimme!

Der Piepser in seiner Kitteltasche, der Personensuchapparat, piepst mehrfach, Zillner tritt an ein Wandtelefon und nennt seinen Namen – und rennt dann hinaus. Für einen Augenblick geht ganz allein im Vordergrund Lydia – und schweigt. Jetzt blickt sie zwischen den dort stehenden Eltern hindurch auf Tom. Zu ihr tritt Werner in den Vordergrund und fragt –

WERNER: Kannst du herausfinden ...
wie oft und seit wann
dieser Schuft da schon rumspielt mit diesem Kunstblut?

LYDIA: Ach, du hast auch den Verdacht!

WERNER, *heftig*:
Na klar: der wollte sich wissenschaftlich durch
den negativen Befund profilieren,
daß er als furchtloser Arzt – furchtlos vor dem Tode
seiner Patienten – gegen die Industrie
die Schädlichkeit dieses Zeugs nachweist!

LYDIA: Du meinst, weil die drei, denen er das gab,
jene Überlebenden aus dem Bus sind,
die mit den größten Vorschäden eingeliefert wurden.

WERNER *stumm, nickt. Schweigen, dann*:
Aber selbst wenn wir ihm das nachweisen könnten ...

LYDIA: Kannst du nie.

WERNER: Tom hilft das nicht mehr, so wenig wie Bernd,
und – noch einmal wird er nicht riskieren, daß ...

LYDIA, *sich Toms Bett zuwendend, ohne hinzugehen, sagt mit der letztmöglichen Anstrengung*:

Nein, «Material» genug für seine Studie hat er ja nun.
Aber dann nehmt doch endlich die ...
diese zwanzig Schläuche von Tom weg,
wozu die noch, wozu ... ihn noch ...

WERNER: ... er spürt's nicht mehr.

LYDIA: Woher weißt du das!
Liegt da wie ... wie ein Versuchshund
in unserer tierexperimentellen Abteilung.
Sie drückt die Hände vor die Augen und weint und setzt sich auf den Stuhl neben dem Waschbecken, damit nicht Katia sie so sieht. Ohne sie dort wahrzunehmen, kommt «fieberhaft», weil «Tun» ihm Denken erspart, Böblinger an ihr vorbei rasch in den Raum, zieht wieder den Kittel über, und noch im Anziehen ruft er Katia und Werner zu, eine typische Übersprungshandlung –

BÖBLINGER: Sie müßten entscheiden, wer sonst:
ob ich die beiden nach Düsseldorf fliege
– oder ob Langemann herkommen soll,
einverstanden, daß ich ihn hole: ist er!
Die beiden treten zu ihm, leiser fügt er an:
Zillner sagt, er lehnt die Verantwortung ab
für den Flug.

KATIA, *mit Haß*:
Wer in Zillners Behandlung war, dessen Zustand
kann durch keinen Flug – kann durch nichts
verschlimmert werden.

WERNER *ebenso*:
Bei der Applikation von diesem ... Scheiß da,
hat er jedenfalls die Verantwortung nicht gescheut.

BÖBLINGER: Dem Scheiß sagen Sie ... w i s s e n das
aber auch nicht:
erlauben Sie, daß ich Langemann herhole.
Katia, Schulterzucken, geht zurück zu Tom. Als sie außer Hörweite ist, gibt Werner sich gleichsam einen Ruck, um zu Böblinger sagen zu können –

WERNER: Ja, das muß ja nun gesagt werden:
unsere ganze ... wie soll ich sagen: Betriebsamkeit
mit Ihrem Flugzeug, die Kinder hier noch
irgendwo hinzufliegen oder ... eine Kapazität
heranzufliegen: war doch nur ... ist nichts weiter
als unser Versuch, uns davon abzulenken,
zu sehen, was – wir längst sehen.
Eltern sind dumm; Eltern kranker Kinder dreimal dumm.
Als ich den Neurologen zur Tür brachte,
empfahl er, um überhaupt was zu reden,
ein Carotisangiogramm, um –

BÖBLINGER: Ein – was?

WERNER: Eine Gefäßdarstellung der Hirndurchblutung
durch Kontrastmittel –

KATIA, *die wieder zu ihnen getreten ist, jetzt kommt auch Lydia hinzu, sehr gereizt*:
«Empfahl» – warum tut er's nicht?

WERNER, *faßt sie an, als könne sie das beruhigen; während er erklärt – stockt seine Stimme*:
Er hat das als letzte Maßnahme bezeichnet,
um nicht zu sagen: als schon überflüssig.
Wir warten auf seinen Bericht – doch wozu,
er gab ihn mir mündlich: tiefstes Koma,
nur durch künstliche Beatmung
aufrechtzuerhaltende Kreislauftätigkeit,
EEG: praktisch Null-Linie.
Reflexlosigkeit – Streckkrämpfe.

KATIA, *sehr laut und entschieden*:
Das ist nicht wahr!
Wie Tom mich ansieht, er hat mich ja eben
noch angesehen.
Völlige Reflexlosigkeit: nicht wahr!

WERNER: Ich bitte dich: das denken wir, weil wir –

KATIA: Das denke ich nicht, das sehe ich.

BÖBLINGER, *zögernd*:

Ich bin hier nicht gefragt und – und
zweifellos der am wenigsten Kompetente,
aber ich bitte Sie doch um Ihre Zustimmung,
daß ich den Düsseldorfer noch herfliege.

LYDIA: Auch Langemann kann Ihnen nicht sagen,
was wir alle so gern hören würden,
daß Tom – oder sein Freund, der Bernd,
noch eine Chance haben.
Und daß nicht ein Medikament
die Jungen totgemacht hat,
sondern vis major.
Es war nicht das Schicksal – es war die Pharmazie.

KATIA, *tonlos, den Blick nach innen gerichtet*:
... im Bunde mit einem geltungsbesessenen Mediziner.

BÖBLINGER, *ohne Arroganz, eher nur bittend*:
Vergessen Sie nicht, wie viele im Bus
auf der Stelle tot waren. Und es ist
... wenn doch seine Mutter sagt, daß Tom
noch keineswegs reflexlos ist?
Er ist an das Bett herangetreten, als suche er die Bestätigung für seine Verlegenheitsrede. Anders als er sonst geht, eher schleichend vor Befangensein, ist Zillner eingetreten, bleibt aber in einigem Abstand stehen, ein Fernschreiben in der Hand. Seine Befangenheit wächst noch, weil alle ihn ansehen, bis schroff und verächtlich die Frauen sich weg – und wieder Tom zuwenden. Zu Werner sagt er, und die Verlegenheit steigert noch seinen Dialekt –

ZILLNER: Ach, Herr Kollega, bitte schön, wenn ich Sie
einmal – bitte, aber allein einmal sprechen dürfte,
bitte, ich habe hier ... ein Fernschreiben.

WERNER *und tut einen Schritt zu ihm, völlig ahnungslos*:
Für mich? – kein Mensch weiß, daß ich hier bin.

ZILLNER *tritt auf ihn zu – zögert ihm, der die Hand hinstreckt, das zu geben*:

Es ist mir äußerst schmerzlich ... Ihnen –
Sie einer solchen Entscheidung konfrontieren
zu müssen ... aus Brüssel, dort hat die Zentrale von
Biotransplant gehört von der Bus-Katastrophe.

WERNER, *schreit*:
Verdammt eilig –
Er reißt Zillner das Telex aus der Hand, vermag aber nicht, es zu lesen; er legt eine Hand auf die Augen, vielleicht muß er weinen – erschrickt über sich und weicht aus in den Waschraum, aus Angst, die Frauen könnten ihn so sehen; dort wäscht er sich kurz über das Gesicht, lehnt dann am Waschbecken, liest jetzt das Fernschreiben – und findet den Mut nicht, damit zu den Frauen zu gehen.
Zillner ist bis vor die Glasscheibe gegangen und hat Böblinger durch eine Kopfbewegung herausgebeten und zu Werner geschickt; er selber macht, daß er wegkommt, sobald er sieht, daß Böblinger, Augenbrauen fragend erhoben, herauskommt ...

BÖBLINGER: Herr Michelsberg?

WERNER, *dankbar, sprechen zu können – und es nicht zu den Frauen sagen zu müssen*:
Biotransplant ... meldet sich schon,
Frage an die Klinik,
die hier wollen die Jungen – ausschlachten.
Er reicht rasch Böblinger das Fernschreiben und wendet sich dann ab; der nimmt es sehr zögernd, liest es vorerst noch nicht; es dauert, bis Böblinger sagen kann, während ihm Werner den Rücken zuwendet und nachdem er das Fernschreiben las:

BÖBLINGER: Das können Sie ... den Frauen da:
gar nicht zumuten.
Ein ganz geriebener Hund, dieser Zillner:
der hat Brüssel benachrichtigt,
um die Spur von dem zu verwischen,

was er beitrug zum ... Tod der Jungen.
Genauso würde ich das auch machen.
Wie sonst hätte Brüssel so rasch reagiert!

WERNER, *bezweifelnd*:
Die Obduktion bliebe ihm deshalb nicht erspart –
und es ist international üblich,
der Brüsseler Zentrale
große Verkehrsunfälle anzuzeigen ...

BÖBLINGER: So rasch? – jedenfalls, dieses Kabel:
kommt Zillner sehr gelegen.
Inzwischen haben die Frauen sich zweimal dem Gang zugewandt, auf dem sie die Männer nicht stehen sehen; Lydia mit Fingerzeig auf das Gewirr der Schläuche, die an den Jungen sind, sagte etwas zu Katia, man versteht es natürlich nicht. Sie setzt sich auf Toms Bett, Katia beugt sich über dessen Augen, auch sie jetzt mit einem kleinen Taschenlämpchen – dann geht sie entschlossen aus dem Glasgehege heraus und blickt sich um nach Werner. Da sie ihn mit Böblinger am Waschbecken sieht, sagt sie leise, ohne noch einen Schritt zu tun, sie steht jetzt mitten auf dem Gang vor der Glasscheibe und lehnt sich an, während sie spricht –

KATIA: Werner – du hattest doch recht: enthirnt.
Was hast du da?

BÖBLINGER *hat Werner das Fernschreiben zurückgegeben, murmelt, fast unverständlich*:
Das ist nicht meine Kompetenz –
und ist offensichtlich erleichtert, mit diesen Worten fluchtartig zu gehen.

WERNER *hat Böblingers Wort, sich gleichsam an dem festhaltend, aufgegriffen, um überhaupt sprechen zu können, zu Katia, die ihm jetzt das Fernschreiben abnimmt*:
Wessen Kompetenz könnte das sein:
Biotransplant sucht ...

KATIA, *entsetzt*:
Die hörten schon von dem Bus! – nein, nie:

Sie liest und schreit dann heraus:
Erlaube ich, erlaube ich,
daß diese schrecklichen Infusionen
den Jungen noch quälen,
nur damit die Organe frisch bleiben für –

WERNER, *während jetzt Lydia aufblickt von Toms Bett und herauskommt, faßt Katia an der Schulter und sagt, als sei das ein Trost:*
Toms Nieren sind sowieso durch dieses
Kunstblut unbrauchbar.
Katia kann nicht reden, weint lautlos.
Lydia ist zu ihnen getreten. Gedrückte Stille. Da nichts geschehen kann und nichts zu sagen ist, gibt Werner ihr das Fernschreiben, das er Katia wieder abgenommen hatte, und zitiert:
Organspender gesucht, Hornhäute und Nieren.

LYDIA, *hat das Telex genommen, aber nicht gelesen, sie blickt starr geradeaus, sagt dann:*
Nieren – was wir Tom so oft
als Warnung gesagt haben:
war schon sein Nekrolog.

WERNER, *wie aus weit entfernten Räumen hierher zurückkehrend:*
Nekrolog – was meinst du?

KATIA, *tapfer, aber ihre Stimme schwankt, bis sie aussetzt, mitten im Satz:*
Als Witz natürlich, wie sonst bei Tom:
seit ich ihn dauernd warnte, wie oft wir
Rad- und Motorradfahrern,
die bei uns sterben ... die Nieren wegnehmen.
Seitdem –

WERNER: Seitdem fuhr er sehr vernünftig.

KATIA, *nickt:*
O ja – aber ... nannte sich Nierenspender.
Sie schweigt, kann nicht reden.

LYDIA, *die das Fernschreiben zerknüllt, nicht – vermutlich – um es zu vernichten, sondern unbewußt, um die Erregung wenigstens in ihren Händen loszuwerden*:
Laßt ihn sterben.
Sie hat die Eltern nicht angesehen, sie blickt starr geradeaus.

Vorhang